时速 120 公里 B 型车架修规程

浙江海宁轨道交通运营管理有限公司◎组织编写

中国铁道出版社有限公司

2025年·北 京

内 容 简 介

本书基于杭海城际铁路时速 120 公里 B 型车的架修实际编制，是一本专注于轨道交通车辆架修专业的指南，详细介绍了时速 120 公里 B 型车架修的基本概念、工艺流程、关键技术以及质量标准，为读者提供了一套完整的架修知识体系，明确了架修部件拆解、检查、维修、组装、测试等环节的要求。

本书既适合架修技术人员的学习提升，也可作为相关培训机构和院校的教材参考，为架修工作的科学开展提供全面、实用的指导，可供同类型车辆的架修作参考。

图书在版编目(CIP)数据

时速 120 公里 B 型车架修规程 / 浙江海宁轨道交通运营管理有限公司组织编写. -- 北京 : 中国铁道出版社有限公司, 2025. 6. -- ISBN 978-7-113-32417-9

Ⅰ. U269. 6-65

中国国家版本馆 CIP 数据核字第 2025J7Z501 号

书　　名：时速 120 公里 B 型车架修规程
作　　者：浙江海宁轨道交通运营管理有限公司

策划编辑：徐　艳
责任编辑：梁　雪　　　　**编辑部电话：**(010)51873193
封面设计：高博越
责任校对：安海燕
责任印制：赵星辰

出版发行：中国铁道出版社有限公司(100054，北京市西城区右安门西街 8 号)
网　　址：https://www.tdpress.com
印　　刷：河北宝昌佳彩印刷有限公司
版　　次：2025 年 6 月第 1 版　2025 年 6 月第 1 次印刷
开　　本：710 mm×1 000 mm 1/16　**印张：**9. 25　**字数：**135 千
书　　号：ISBN 978-7-113-32417-9
定　　价：56. 00 元

编 委 会

主　编	黄　丰	王庆峰	杜　放	于　丹	
副主编	莫辉强	包辰铭	许　锋		
委　员	池鹏飞	黄文灿	哈继龙	赵　辉	
	刘蓓亮	杨超锋	胡　昱	何　超	
	孙　创	宫起扬	李　虎	罗俊奇	
	何雪琴	田　晟	林雷鸣	焦廷友	
	薛　飞	陈日成	吴鹏亮	杨　萍	
	汤越昕				

目　　次

1　范　　围

本书基于杭海城际铁路时速 120 km B 型车(4 编组)的架修实际编制,可供同类型车辆的架修作参考。

2　规范性引用文件

凡是注日期的引用文件,仅所注日期的版本适用于本书,凡是不注日期的引用文件,其最新版本适用于本书。

GB 50157—2013　地铁设计规范

GB/T 7928—2003　地铁车辆通用技术条件

交运规〔2024〕9 号　城市轨道交通设施设备运行维护管理办法

JB/T 9101—2014　通风机转子平衡

GB/T 20967—2007　无损检测　目视检测　总则

TB/T 1619—2010　机车车辆车轴磁粉探伤

3　定　　义

电客车架修是恢复性修理,电客车应进行解体,全面检查,修理或更换所有磨损超限的零部件,彻底恢复其技术性能。根据《城市轨道交通设施设备运行维护管理办法》(交运规〔2024〕9 号)规定,架修间隔不超过 6 年或 80 万车公里。

电客车的编组型式为:＝MC－MP－MP－MC＝(MC 车为有司机室的半动车;MP 车为无司机室带受电弓的动车;“－”半永久式牵引杆;“＝”自动车钩)。

4　作业内容及方法

4.1　电客车系统构成

4.1.1　车体系统:主要作用是承受垂直、纵向、扭转等载荷,传递牵引、制动力,并具有隔声、减振、保暖等功能。此外,车体还用于安装空气管路、线缆、线槽及列车设备。

4.1.2 贯通道系统:能适应电客车正常运行条件下产生的各种复杂运动,确保乘客通过连接区域的安全性,使车厢连接区域具有良好的装饰性。

4.1.3 内装系统:由客室座椅、中顶板及出风格栅、侧顶板、侧墙、端墙、前窗玻璃、客室侧窗、门立柱罩、司机室座椅、司机室扶手、司机室内装、蹬车梯、遮阳帘、客室扶手等部分组成,作用是为乘客及司机提供相应功能以及安全舒适的乘车环境。

4.1.4 车门系统:由客室侧门与司机室侧门组成。客室侧门用于乘客安全出入电客车客室。司机室侧门用于司机安全出入司机室。

4.1.5 转向架系统:主要作用是支撑车体,承受并传递从车体至轮对之间的各种载荷及作用力,并使轴重均匀分配。同时,充分利用轮轨之间的黏着,传递牵引力和制动力。

4.1.6 车钩系统:用来实现车辆之间连挂的部件,用于传递牵引力、缓解冲击力。

4.1.7 制动系统:提供制动力,以达到使列车减速的目的,用于保证列车运行安全;同时为列车各气动设备及部件提供的压缩空气,用于保证车辆各气动设备正常运作。

4.1.8 空调和采暖系统:用于通风以及调节车厢内温度,创造一个舒适的乘车环境。

4.1.9 牵引系统:主要作用是将接触网输入的 DC 1 500 V 由 VVVF 逆变器逆变成频率、电压均可调的三相交流电,驱动牵引电机工作;另外也起到将电客车动能转化为电能反馈至电网或转化成热能消耗掉的作用。

4.1.10 网络控制系统:为电客车提供通信管理、功能控制、故障诊断、信息显示和事件记录等功能。

4.1.11 主电路系统:从接触网引入 DC 1 500 V 电源,供牵引系统及辅助系统使用,并通过接地装置回流。

4.1.12 辅助及低压供电系统:将 DC 1 500 V 电源转化为 AC 380 V 电源、AC 220 V 电源以及 DC 110 V 电源,供电客车相应的交、直流负载使用;另配备了蓄电池组，可直接提供 DC 110 V 电源。

4.1.13 乘客信息系统：用于向乘客提供服务信息，主要有列车广播、多媒体信息播放、车载视频监视等功能。

4.1.14 火灾报警系统：通过安装在车辆内部的感烟感温探测器来检测是否发生火灾。当检测到火灾发生时，发送报警信息。

4.1.15 照明系统：分为内部照明和外部照明，内部照明主要为客室、司机室提供照明，外部照明主要指电客车司机室外部运行灯及信号灯。

4.2 名词解释

Ⅰ级清洁度：以绸布或皱纹布纸反复擦拭无污渍。

Ⅱ级清洁度：以不脱纤维的白布纸擦拭或以 3～5 倍放大镜观察不显污渍、油垢。

Ⅲ级清洁度：以手擦拭，手上无污染。

Ⅳ级清洁度：目视检查无油垢、积碳、尘埃。

Ⅴ级清洁度：目视检查无成片污渍。

更新：换成新的备件。

更换：换成周转件或修复件。

AW0 工况：空载。

AW1 工况：满座。

AW2 工况：额定载客。

AW3 工况：超员载客。

4.3 架修作业流程

架修作业流程如图 4.1 所示。

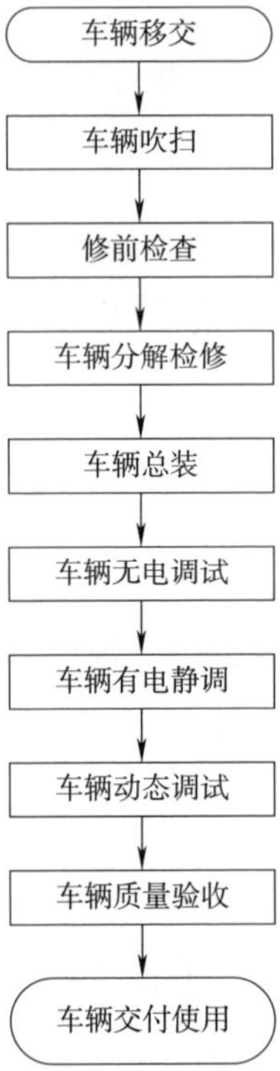

图 4.1　架修作业流程

4.4　修前预检

4.4.1　预　　检

预检内容及技术要求见表 4.1。

表 4.1　预检内容及技术要求

序号	项　目	内　容	技术要求
1	整车状态检查	轮对入修前归集最近月检(或旋轮)各轮对轮径、轮缘厚度、轮缘高度等尺寸	对轮径差、轮缘厚度、轮缘高度等尺寸不满足架修技术标准及踏面有擦伤的轮对进行旋修
		检查整车各部件损坏情况	记录损坏、缺失等异常部件的位置及状况
		测量车钩高度、车体地板面高度、空气弹簧棚板高度、空气弹簧充气高度、轴箱间隙	测量数据记录准确,详见附录 E

续上表

序号	项　目	内　容	技术要求
1	整车状态检查	测量空载制动缸压力、载荷压力	在AW0载荷及气压大于800 kPa状态下，测量各车的100%常用制动压力、快速制动压力、紧急制动压力以及载荷压力
		电客车有电功能检查	依照日检要求进行
2	车辆状态归集	记录车辆运营公里数	记录准确

4.4.2　电客车分解

电客车分解内容及技术要求见表4.2。

表4.2　电客车分解内容及技术要求

序号	项　目	内　容	技术要求
1	电客车清洁	对电客车外部进行吹扫和清洗	无积尘
2	电客车解编	解开贯通道、半永久牵引杆，拆卸跨接线，解编为单节车	做好跨接线防护
3	主要零部件的拆卸分离	拆卸受电弓、空调机组及其附属部件	各零部件的附件、紧固件随设备统一放置
		分离转向架与车体	做好各管路防护，各零部件的附件、紧固件随设备统一放置
		安装工艺转向架	安装到位、平稳
		拆卸空压机、空气干燥器、高度阀等供风制动系统部件	各零部件的附件、紧固件随设备统一放置
		拆卸制动电阻箱	各零部件的附件、紧固件随设备统一放置
		拆卸全自动车钩、半永久牵引杆	各零部件的附件、紧固件随设备统一放置
		拆卸司机控制器	各零部件的附件、紧固件随设备统一放置

4.5　作业项目和要求

4.5.1　转向架系统

转向架系统检修内容及技术要求见表4.3。

表 4.3 转向架系统检修内容及技术要求

序号	分类	项目	检修内容	技术要求
一、转向架				
1	转向架	总成	分解转向架	在拆卸过程中轻吊轻放,避免碰损部件
			更新紧固件	对所有拆卸过的紧固件进行更新
			清洗转向架及零部件	外表清洁达到Ⅳ级
2	构架装置	总成	目视检查构架外观	无裂纹,无变形,无锈蚀,无磕碰,无脱漆,焊缝无开焊
			对关键焊缝进行涡流探伤	焊缝无裂纹,详见附录 A
			检查构架是否变形,测量构架关键尺寸	关键尺寸(例如构架对角线差不大于 2 mm)须符合限度要求。如超标,须矫正或更换构架
			对重要受力部位螺纹孔进行检测	无缺口,无毛刺,无乱丝,无滑牙
			对构架表面漆面剥落处进行补漆	漆面光洁,无明显色差,无流挂现象,漆膜厚度均匀
			堵头更新	堵头无丢失
3	一系悬挂装置	一系钢弹簧	拆下弹簧	拆下内部和外部弹簧及相应的高度调整垫时(如有),把各调整垫、外弹簧座与相应内外弹簧连放在一起,以防与其他弹簧混淆,同时标记原对应转向架的位置
			一系钢弹簧试验	检查弹簧刚度(969.54±63.77)N/mm,平面度不大于 1 mm,平行度不大于 2 mm,弯曲度不大于 2.6 mm,垂直度不大于 4 mm
			一系钢弹簧探伤	进行涡流探伤检查,详见附录 A,要求无裂纹
			首列车对钢簧进行全面检查、评估	评估结果应于首列车评估报告中体现
		定位转臂组成	外观检查	外观良好,表面无污垢、无锈迹
			更换新橡胶元件	更换新一系橡胶止挡、转臂橡胶关节
			对转臂进行探伤	检查转臂及夹紧箍外观良好、无裂纹,需对关键受力部位进行磁粉探伤,详见附录 A
		一系其他组件	检查上弹簧座、内簧座、防脱板等,更新绝缘套、绝缘垫、缓冲垫	上弹簧座、内簧座、缓冲垫、防脱板外观状态良好,无异常磨损、无变形、无裂纹;更新提吊销的开口销;更新绝缘套、绝缘垫、缓冲垫

续上表

序号	分类	项目	检修内容	技术要求
4	液压减振器	液压减振器(含一系垂向、二系垂向、二系横向、抗蛇行减振器)	检查液压减振器外表面	无泄漏,无损伤
			更新橡胶节点	更新后外观状态良好
			分解减振器	所有油封、橡胶件密封件更新新品;更新液压油
			零部件检修	对各型油压减振器的活塞杆、活塞导向盖(导杆)、压力缸等零部件进行检查和尺寸测量,对焊缝进行探伤,符合要求者可组装使用,磨损超标者须检修或更新
			液压减振器性能测试	在特定速度下,测试减振器阻尼力,不对称率满足要求,并记录力—速度特性曲线。横放 24 h后,不允许有渗漏
5	二系悬挂装置	空气弹簧	更新进气口密封件	涂抹凡士林,安装位置正确,密封良好
			外观检查	清洁空气弹簧,气囊表面鼓包处理后不得出现帘线外露,外观不得存在缺陷,鼓包处不得出现漏气现象;表面龟裂深度不得露出帘线,裂纹深度小于 2 mm,长度小于 50 mm;辅助弹簧橡胶与金属脱胶深度小于 20 mm,脱胶长度小于 1/3 的圆周,不得出现鼓包现象。金属件油漆涂装厚度均匀,无露底,色号为 RAL7012
			空气弹簧试验	空簧气密性试验
		抗侧滚扭杆组成	外观检查	无裂纹,无变形,无锈蚀,无磕碰,无脱漆
			扭杆尺寸检测	测量杆身直线度和首列车扭臂安装面平面度
			脱漆后进行磁粉探伤检查	无损坏、无裂纹等缺陷,详见附录 A
			更新扭杆摩擦套	功能正常
			连杆拆卸、检查;更新关节轴承	外观检查无裂纹等缺陷
		抗蛇行减振器座	探伤磁粉	无裂纹,详见附录 A
6	中央牵引装置	总成	目视检查牵引体、牵引拉杆	无裂纹,无凹痕,无毛刺,无腐蚀
		中心销	对中心销圆锥面、牵引拉杆关键位置探伤	无裂纹、无变形损伤,详见附录 A
			检查中心销螺纹	无缺口,无毛刺,无滑牙

续上表

序号	分类	项目	检修内容	技术要求
6	中央牵引装置	中心销	防松片、锁紧钢丝更新	安装良好,功能正常
			检查紧固板、防过充止挡、调整垫	安装良好,功能正常
		橡胶件	更新牵引中心节点、牵引拉杆节点、横向橡胶止挡	功能正常
7	基础制动装置	制动管路	外观检查	检查所有转向架空气管路的管夹、管座及管路连接部分,安装牢固、完整。如有拆卸则更新管夹、紧固件
			更新制动软管	功能正常
		制动单元	拆卸制动单元	由供应商进行检修
			分解制动单元	分解制动单元,对其中的密封件、呼吸口螺母保护帽等进行更新
			尺寸检查	检查衬套、闸片托及中心螺杆的尺寸
			试验	制动夹钳单元上试验台进行动作试验、气密性试验及间隙调整试验
		手制动缓解	外观检查	检查无损伤,紧固件无松动。停放制动闸线、管路、管接头、闸片、安装座状态正常
		制动盘	外观检查	(1)清洁盘片,要求无烧焦痕迹、碾堆和剥离现象,磨耗情况正常;制动盘的凹陷磨耗不大于 2 mm,斜磨耗不大于 2 mm。 (2)对于大于 60 mm 的毛发裂纹,更换制动盘。 (3)对于贯穿裂纹无论是制动盘边缘从内部到外部的,或者是在散热筋上的贯穿裂纹,更换制动盘。 (4)制动盘磨耗未到限
		制动闸片	外观检查	无明显掉块、溃烂、深度裂纹,磨耗未到限
二、轮对轴箱装置				
1	轮对组成	车轮	旋修车轮	旋修后,同一轮对两个车轮的轮径偏差小于 0.5 mm;同一转向架的轮径偏差小于 1 mm。同一节车的轮径偏差小于 2 mm。旋修后,轮径不小于 805 mm。不满足则退轮,更新车轮

续上表

序号	分类	项目	检修内容	技术要求
1	轮对组成	车轴	对轴颈、轴身进行磁粉探伤，对车轴镶入部位进行超声波探伤	无裂纹。磁粉探伤符合标准《机车车辆车轴磁粉探伤》(TB/T 1619—2010)。超声波探伤符合标准《无损检测　超声波检测　不连续性的表征和尺寸》(BS EN ISO 16827:2014)，详见附录 A
			目视检查车轴其他部位表面	车轴其他部位表面缺陷深度小于 1 mm，使用细粒砂纸(120 级或更高级别)予以磨平，打磨后磁粉探伤无裂纹，最后沿纵向方向(沿车轴中心线)抛光。轴颈过渡区域无磕碰。有裂纹或者表面缺陷深度大于 1 mm 则更换
			测量轴颈尺寸、车轴防尘座尺寸	轴颈直径尺寸介于 ϕ120.037 mm～ϕ120.059 mm，防尘座直径满足 ϕ150.134 mm～ϕ150.174 mm
		总成	轮对尺寸测量	轮对在自由状态下，轮对内侧距为 1 353～1 355 mm。轮缘状态检查，轮缘厚度 E 为 23 mm$\leqslant E \leqslant$34 mm。检查踏面外观状态。测量轮缘高度 H 为 25 mm$\leqslant H \leqslant$31 mm，轮缘角度 qR 值为 6.5～12.7 mm，车轮端面跳动、车轮径向跳动不大于 0.5 mm，同一轮对两侧车轴端面分别到同侧车轮内侧面的距离的差值 $a-b\leqslant$ 1 mm，无径向裂纹、踏面表面金属堆积、裂纹凹痕、划痕、轮辋翻边，提供测量记录
			电阻试验	测量每条轮对的两个车轮踏面之间的电阻值。测得的电阻值不得超过 0.01 Ω
2	轴箱组成	总成	外观检查	清洁度达到Ⅳ级，无损坏，无腐蚀，无变形损伤
		轴箱体	外观检查	无裂纹，无变形损伤，无明显锈迹；油漆找补；轴箱体内径满足要求；对轴箱体进行探伤，详见附录 A
		轴箱盖	外观检查	无过热引起的热变色现象；油漆找补
		轴承	返厂送修	返厂对轴承进行尺寸检查，探伤，油脂、密封件更新，如无法修复则更换，详见附录 A
			轴承压装	以(320±20)kN 的压装力压装轴承，轴承内外面安装正确，压装后轴承转动顺畅，无卡滞

续上表

序号	分类	项目	检修内容	技术要求
3	轴端附件	速度传感器	清洁并检查外观	速度传感器线缆无破损，无老化；功能正常，缺陷仅在表皮处的线缆做外加胶皮套管防护修复；连接插座无损坏，无遗失，无松动，无缩针，无明显划伤，无锈蚀，无凹陷
			安装间隙调整	测速齿轮与探头间隙满足(0.9±0.3) mm
		接地回流装置	清洁并目视检查接地回流装置各部件	清洁度达到Ⅳ级，无变形损坏
			检查碳刷	碳刷表面光滑无缺块，接地碳刷软编线绝缘皮无破损，软编线无断股，端子无锈蚀，用毛刷清除碳粉及杂物。碳刷有效长度符合限度要求
			功能测试	弹性良好，碳刷在舱夹中滑动自如
			检查磨耗盘表面	表面的凹坑深度不大于0.2 mm，不得存在放电痕迹。若不符合须修复，如磨耗超限须更新
			目视检查接地电缆表面	接地电缆无破损，无老化，功能正常。缺陷仅在表皮处的线缆做外加胶皮套管防护修复
			故障返厂送修	功能正常，满足性能要求，如无法修复则更换
三、牵引装置				
1	齿轮传动装置	齿轮箱	齿轮箱外观检查	清洗并检查齿轮箱外壳，无变形损伤，无腐蚀，无积垢
			排油检查	检查放出的齿轮箱油，无明显铁屑和铜粒；如有异常，须油样化验，决定是否开箱；首列车排放的齿轮箱油需出示评估报告
			更换齿轮箱油	每个齿轮箱注油约为3.1 L，油位最低点在中心线偏上但不超过观察孔旁的最高线
			检查齿轮箱吊杆	对吊杆杆身进行磁粉探伤；更新吊杆弹性节点，详见附录A
			打开齿轮箱观察孔，进行齿轮啮合检查	啮合良好，功能正常
			更新磁性油堵	密封良好无漏油
			更新组合密封垫圈	密封良好无漏油
		联轴节	清洁并目视检查联轴节外观	清洁度达到Ⅳ级，无变形损伤，无腐蚀

续上表

序号	分类	项目	检修内容	技术要求
1	齿轮传动装置	联轴节	分解联轴节，清除原有润滑油或润滑脂，注入新润滑油或润滑脂	每件半套联轴节重 100 g。无渗漏且齿轮活动灵活
			更新联轴节螺堵密封垫	密封良好无漏油
四、辅助装置				
1	轮缘润滑装置	油箱组件	外观检查	清洁度达到Ⅳ级，目视检查外观无变形，无磕碰，无紧固件松动
			探伤	轮缘润滑安装座(喷嘴支架)、端梁安装座等钢制部件无损检测
			补充润滑油	补充润滑油，紧固安装润滑装置并调整喷嘴
			更新软管、管卡	功能正常，密封良好
		电控箱	目视检查电控箱外部按钮、弯道传感器、连接器；目视检查电控箱内部PLC接线、固定座以及端子线缆	弯道传感器外观及接线状态良好，轮缘润滑装置功能完好
			喷嘴、油箱、分配器、电控箱检查	返厂送修，无法修复则更新
			电控箱测试	轮缘润滑装置功能完好
2	踏面清扫装置	总成	外观检查	清洁度达到Ⅳ级。油漆状态良好
		管路	检查管路并更新软管	外观良好，无损伤，管路无泄漏。检查活塞杆动作是否正常，确保管路无堵塞并更新软管
		插销	检查插销	检查插销动作灵活无异常、开口销无断裂、过滤器无堵塞
		研磨子	更新研磨子	安装可靠，无松动，调整研磨子与车轮踏面初始间隙为 18～30 mm
		例行试验	气密性试验、动作试验、复位试验、调整性能	试验结果正常
五、转向架组装				
1	转向架的组装	各部件	组装轮对轴箱装置、构架装置、一系悬挂装置、二系悬挂装置、基础制动装置、中心牵引装置、牵引装置及辅助装置	安装正确、牢固

续上表

序号	分类	项目	检修内容	技术要求
2	转向架的试验	试验	静载试验 AW3 型式试验	首辆动拖车进行试验，单侧施加（100.3±0.3）kN（拖车转向架）、（99.3±0.3）kN（动车转向架），AW3 轮重差不大于 3%，车轴平行度不大于 2 mm，车轮平行度不大于 4 mm。转向架最低点设备距轨面不小于 95 mm
			静载试验 AW0	（1）提吊销上开挡尺寸不小于 30 mm（首列车）； （2）提吊销下开挡尺寸为 49～57 mm； （3）空气弹簧安装面高度为（600±2）mm，两侧高度差小于 3 mm； （4）同一转向架四节点高度差不大于 4 mm；同一轮对两节点高度差不大于 2 mm； （5）轮重偏载不大于±2%，动车转向架轴重差不大于 1%。拖车转向架轴重差不大于 2%； （6）齿轮箱安装挡间隙为（17±5）mm； （7）转臂止挡距构架提吊板间隙不小于 10 mm； （8）车轮与构架横向间隙不小于 20 mm； （9）同轮对内侧距差不大于 2.5 mm； （10）两侧轴距差不大于 1 mm； （11）一系间隙（89±3）mm； （12）齿轮箱基准与电机基准差（52±0.5）mm； （13）接地电阻不大于 0.05 Ω
			管路气密性试验	向停放制动充入（600±10）kPa 压力空气，向常用制动充入（600±10）kPa 压力空气，保压 10 min，空气压力下降不得超过 20 kPa
			制动动作试验	先向停放制动缸充入（500±10）kPa 的压力空气，使停放制动处于缓解状态，然后将闸片间隙调至最大，向常用制动缸内充入（300±10）kPa 的压力空气，制动后施行缓解，经 3～4 次的上述动作循环之后，闸片间隙（两侧之和）应在 3～6 mm 之间（允许虚抱），常用制动缸和停放制动缸的制动与缓解动作需灵活。

续上表

序号	分类	项目	检修内容	技术要求
2	转向架的试验	试验	制动动作试验	慢排试验:向停放缸充入(500±10) kPa 的压力空气,向常用制动缸充入(300±10) kPa 压力空气进行慢排气试验,使各制动缸压力均为 0,慢排时间不应少于 2 min,排气结束后使用拉环手动缓解停放制动,缓解动作需灵活。 快排试验:向停放缸充入(500±10) kPa 的压力空气,向常用制动缸充入(300±10) kPa 压力空气进行快排气试验,各制动缸压力应迅速下降为 0,排气结束后使用拉环手动缓解停放制动,缓解动作需灵活
			踏面清扫装置试验	向踏面清扫管路充入(600±10) kPa 的压力空气。保压 20 min,压力下降不得超过 10 kPa,用试漏液检查各接头处,不得发生泄漏;如有泄漏需修复处理。向踏面清扫装置供风管路内充入(400±10) kPa 的压力空气,检查踏面清扫装置贴靠车轮的动作是否灵活。撤除压力缓解后,闸瓦应离开车轮踏面。反复进行 5 次,不得有卡滞、动作迟缓或其他异常。缓解状态下,用工装检查闸瓦与踏面的间隙,保证工装粗端不能通过,细端可通过。即保证研磨子与车轮踏面之间间隙在 18～30 mm 范围内
			轮缘润滑试验	管路气密性良好,喷油正常

4.5.2 空调和采暖系统

空调和采暖系统检修内容及技术要求见表 4.4。

表 4.4 空调和采暖系统检修内容及技术要求

序号	分类	项目	检修内容	技术要求
1	空调机组	机组箱体	清洁并检查箱体	(1)使用中性清洗剂清洁机组外壳、箱体内部,外表清洁,无碳粉,无油污,清洁度达到Ⅳ级。对锈蚀部分除锈,涂防锈漆。检查焊接接口,对开焊接口进行补焊,焊缝平整美观,满足使用强度,盖板及机架无面积超过 100 mm×100 mm 或深度 10 mm 的凹坑,如有裂纹或凹坑则进行修复,凹坑面积超限或无法修复则更换。 (2)检查整个机组外壳,无变形,无损坏,更新顶盖保温棉

续上表

序号	分类	项目	检修内容	技术要求
1	空调机组	机组箱体	更新防滑胶条	更新防滑胶条,防滑胶条无破损、粘贴到位
			检查支撑杆	检查支撑杆,保证功能良好
			检查方孔锁	检查方孔锁无生锈,无积水,打开和锁闭无卡滞。更新方孔锁橡胶防护帽
			检查各箱体锁闭装置、铰链	检查各箱体锁闭装置、铰链,外观完好无损坏。检查盖板二级锁功能,锁闭功能良好,二级锁固定铆接件无松动
			检查接地线	检查机组与车体相连接的接地线,无断股,无损坏。检查机组与箱盖相连接的接地线,无断股,无损坏
			更新禁踩标识	更新机组禁踩标识,干净整洁、无缺损
			更新密封胶条、密封框	(1)更新送风口与回风口密封胶条,司机室则更换出风口和回风口密封框。 (2)更新空调机组顶盖密封胶条;更新后的密封胶条需要确认无破损现象,清洁度达到Ⅳ级
			更新纸质标签	更新机组内损坏及遗失的纸质标签
			检查保温棉	检查机组室内侧保温棉,无老化,无破损,存在破损老化则更新
			清理排水孔	清理排水孔,保证排水孔干净无堵塞,排水通畅
			更新机组减振器	安装牢固
			更新紧固件	更新拆下的紧固件,更新后的各紧固件按照力矩要求进行紧固,涂打防松标记,且涂打的防松标记要准确
		杀菌装置	外观检查并清洁	除尘清理
		空调机组电缆及接线盒	检查连接器	检查机组连接器接头及底座。检查机组连接器外壳及其密封件,插针无发黑和缩针现象,接头连接可靠,安装正确,接线牢固,无老化,无破损,排列整齐,线号标识清晰,无缺失
			检查接线	检查机组内部接线,接线牢固,无松动,无破损,线号标识清晰,无缺失

续上表

序号	分类	项目	检修内容	技术要求
2	压缩机箱	压缩机	清洁压缩机	清洁压缩机，保证压缩机表面清洁，清洁度达到Ⅳ级，无锈蚀，对锈蚀部分除锈、喷原色面漆
			检查安装座及其紧固螺栓	压缩机各安装座螺栓紧固，安装座及紧固螺栓防松标记完好
			检查接线端子	压缩机接线端子无烧损、无松动、无虚焊或脱焊
			检查绝缘性能	压缩机对壳体绝缘阻值大于 5 MΩ，三相绕组电阻值偏差不大于 10%，三相电流的偏差不大于平均值的 15%，压缩机运转平稳无异声，接地线无破损
			检查接线盒	密封良好
		气液分离器	检查并清洁	清洁气液分离器表面灰尘，无破损、无脏堵、无泄漏、无锈蚀，对锈蚀部分除锈、喷原色面漆
		压力开关检查	测量压力开关	空调停机状态下测量压力开关处于闭合状态
			外观检查	压力开关无破损、无泄漏现象
			检查管路连接头和电气连接头	压力开关管路连接头和电气连接插头安装紧固、可靠，无泄漏、无烧毁痕迹
		四通阀及线圈	外观检查	无堵塞，无破损，无泄漏，线圈无损坏
			阻值测量	四通阀线圈阻值为(88.5±5)Ω，阀芯正常
		制冷回路	检查管路接头	无氧化、无腐蚀
			检查管路	无泄漏
3	蒸发器腔	腔体	检查蒸发器	清洁检查空调单元的蒸发器。梳理翅片，翅片表面平整、干净，无灰尘，铜管无破损，翅片无粉化，腐蚀面积小于 10%，清洁度达到Ⅳ级
			更新保温棉	更新蒸发器防护保温棉，加强对蒸发器铝箔保护
			更新滤网	(1)更新新风滤网； (2)更新混合风滤网
			检查接水盘并清理排水孔	检查蒸发器接水盘无渗水、漏水现象，发现问题打胶处理。清理蒸发器排水孔，保证排水孔干净无堵塞

续上表

序号	分类	项目	检修内容	技术要求
3	蒸发器腔	通风机	分解通风机	分解通风机，检查并清洁叶轮及扇叶，清洁度达到Ⅳ级，叶轮无损坏，无变形，对变形部件进行修复或更换，转动良好无异响
			更新通风机轴承	安装正确，无窜动，固定螺栓无锈蚀
			检查接线端子、接线盒	电机接线端子无烧损、松动、虚焊或脱焊，检查接线盒，密封良好，盒盖密封橡胶无老化，无破损，标识铭牌字迹清晰，无缺失
			检查绝缘性能	电机对壳体绝缘阻值不小于 5 MΩ，三相绕组电阻值偏差不大于 10%
			耐压试验介电强度测试	进行耐压试验介电强度测试，无击穿或闪络现象
			额定运转试验	额定运转试验，进行 15 min 空载试验，并记录测试电流，电流与三相电流平均值相差不大于 15%
			动平衡测试及其校正	对风机进行动平衡测试及其校正，确保风机整体振动数值符合《通风机转子平衡》(JB/T 9101—2014)的标准，并校正风机动平衡数值至 6.3 mm/s 以下
		新风阀和回风阀	清洁新风阀和回风阀	表面干净，转动灵活无卡滞
			检查回风阀执行器	检查回风阀执行器，紧固执行器固定螺栓。开关动作正常，反馈正常
			更新风阀密封胶条	安装牢固、密封良好
		电子膨胀阀及线圈	检查电子膨胀阀	无堵塞，无破损，无泄漏，线圈无损坏
			线圈阻值测量	电子膨胀阀线圈阻值为(46±4)Ω
		接触器、滤波器电控盒	清洁	表面清洁、干净，无灰尘
			检查接触器功能	(1)接触器可以正常地吸合、断开； (2)接触器的反馈触点可以随着接触器吸合、断开正常响应； (3)接触器涉及更换见附录 B
			检查滤波器三相平衡	滤波器输入输出三相阻值平衡且不为 0。滤波器三相不存在对地情况(对地阻值无穷大)

续上表

序号	分类	项目	检修内容	技术要求
3	蒸发器腔	变频板电控盒、主控板IO板电控盒、电抗器电控盒	清洁	表面清洁、干净,无灰尘
			检查控制器功能	空调各控制器无损坏,相互之间通信正常,且可以正常工作
			检查整流器、传感器PTC、主控板IO板	检查整流桥、正温度系数传感器PTC等部件功能正常。检查主控板IO板,确保功能正常
			检查紧急通风逆变器及散热器	功能正常
			检查接线	检查线路连接正常,无松动
			更换电容板	安装牢固,功能正常
		电气连接器	清洁	电气连接器进行清洁操作
			检查插针、孔	无氧化、腐蚀、缩针等现象
			检查模组、铰接框、罩组件	无破损现象
		空气净化装置	清洁	清洁空气净化装置
			功能检查	(1)空气净化装置可以正常开启、关闭; (2)空气净化装置开启后反馈触点正常
4	温度传感器	温度传感器	功能检查	检测温度传感器,依照温度和阻值对照表检测,所测阻值对应温度偏差不大于10%
5	冷凝腔	冷凝器及箱体内部	检查冷凝器表面翅片	清洁检查冷凝器表面翅片,梳理翅片,翅片表面平整、干净、无灰尘,铜管无破损,翅片无粉化,腐蚀面积小于10%,清洁度达到Ⅳ级
			检查视液镜	视液镜安装紧固可靠、无锈蚀、无裂损、无泄漏。当视液镜颜色为深黄色或者黑色时,更换视液镜
			更新干燥过滤器	安装牢固,按铭牌标注量加注定量制冷剂
			清理排水孔	干净无堵塞,排水通畅
		冷凝风机	分解冷凝风机	分解冷凝风机,检查并清洁扇叶,清洁度达到Ⅳ级,扇叶无损坏,无变形,对变形部件进行修复或更换
			更新冷凝风机轴承	更新冷凝风机轴承,安装正确,无窜动,固定螺栓无锈蚀

续上表

序号	分类	项目	检修内容	技术要求
5	冷凝腔	冷凝风机	检查电机接线端子、接线盒	无烧损、松动、虚焊或脱焊，检查接线盒，密封良好，盒盖密封橡胶无老化，无破损，标识铭牌字迹清晰，无缺失
			检查绝缘性能、三相平衡	电机对壳体绝缘阻值不小于 5 MΩ，三相绕组电阻值偏差不大于 10%
			耐压试验介电强度测试	进行耐压试验介电强度测试，无击穿或闪络现象
			额定运转试验	额定运转试验，进行 15 min 空载试验，并记录测试电流，电流与三相电流平均值相差不大于 15%
			动平衡测试及其校正	对风机进行动平衡测试及其校正，确保风机整体振动数值符合《通风机转子平衡》(JB/T 9101—2014)的标准，并校正风机动平衡数值至 6.3 mm/s 以下
			检查冷凝风机基座	固定良好，安装螺栓防松线清晰
6	控制盘	车控器	清洁	清洁柜体内部，无异物、无积尘，无烧损变色；清洁度达到Ⅳ级
			检查空调车控器显示屏	空调车控器显示正常无花屏、黑屏等情况，触屏反映无偏差，能正确显示空调温度、部件运行状态，程序版本正确
		继电器、端子排	清洁并检查	(1)继电器表面清洁、干净，无灰尘，清洁度达到Ⅳ级； (2)继电器功能正常，涉及更换见附录 B； (3)检查并清洁端子排上端子接线、插头及线缆，端子排接线紧固，无松动，线号清晰
		断路器	清洁	表面清洁、干净，无灰尘
			功能检查	断路器可以正常吸合、断开
		热磁断路器、接触器(电动机启动)	清洁	表面清洁、干净，无灰尘
			功能检查	(1)热磁断路器、接触器可以正常吸合、断开； (2)热磁断路器、接触器的反馈触点可以随着接触器吸合、断开正常响应； (3)接触器涉及更换见附录 B

续上表

序号	分类	项目	检修内容	技术要求
6	控制盘	MVB 网关	检查网络通信	MVB 网关与空调车控器以及 TCMS 网络通信正常
			检查网关指示灯	网关指示灯闪烁正常，无任何机械损坏
		24 V 电源	功能检查	(1)24 V 电压输出稳定； (2)无任何机械损坏
7	送风单元	送风单元	检查并清洁送风单元	检查并清洁送风单元外观，更新破损的保温棉，更新顶盖密封条、机组减振器、禁踩标识、拉紧锁盖
			更新保温棉	安装牢固，功能正常
			更新顶盖密封条	安装牢固，密封良好
			更新机组减振器	安装牢固，功能正常
			更新拉紧锁盖	安装牢固，功能正常
			更新离心风机轴承	安装正确，无窜动，固定螺栓无锈蚀
			检查并清洁电加热组件	检查并清洁电加热组件，更换电加热橡胶件、电加热一级温控保护
			更新拆卸紧固件	安装牢固，功能正常
8	足部加热器	足部加热器	清洁并检查	清洁并检查机组足部加热器，钣金件应无明显损伤、变形，对开裂、脱焊的进行修复
			检查电加热管	检查与电加热管相连接的高温线缆，电加热管应无鼓包开裂
			更新一级温控开关、紧固件和非金属件	安装牢固，功能正常
			耐压试验	耐压试验 1 min 介电强度测试，应无击穿或闪络现象
			绝缘性能测试	检查机组足部加热器，绝缘阻值不小于 5 MΩ，各相间阻值正常，无短路或者断路现象，功能正常

4.5.3 制动系统

制动系统检修内容及技术要求见表 4.5。

表 4.5　制动系统检修内容及技术要求

序号	分类	项目	检修内容	技术要求
一、供风装置				
1	空气压缩机	总成	分解空压机，清洁并目视检查各部件	无变形损伤，无腐蚀，无积垢
		紧固件	更换拆卸过的紧固件	功能正常
		密封件	更换拆卸过的密封件	功能正常
		曲轴连杆及活塞	检查曲轴连杆及活塞等部件	表面无裂纹，曲轴高、低压缸连杆装备处所有工艺符合质量检验标准，并按修复后标准予以质量保证
		悬挂钢丝吊绳	目视检查	无变形损伤，功能正常
		各阀体	检查安全阀、溢流阀、节流阀、止回阀、减压阀	功能正常
		防油乳化管路	目视检查并测试	功能正常
		空气过滤器	清洁空气过滤器	无变形损伤，无腐蚀，无积垢
			更换空气过滤器滤芯	功能正常
		弹性支座	检查弹性支座	橡胶件：查找可能存在的裂纹或脆化处。钢丝弹簧件：找出可能存在的断裂的线
			更换异常的弹性支座	安装牢固，无松动
		真空指示器	更换真空指示器	安装牢固，无松动
		散热片	清洁并目视检查散热片	无积灰，无油污，无损坏
		气缸	清洁并目视检查气缸的冷却器	无积灰，无油污，无损坏
		总成	对空压机表面油漆剥落处进行补漆	漆面平整，无色差，无流挂现象
			更换润滑油	冷却和卸压状态下，油位在两个标记刻度线之间。油脂的要求满足原项目设备技术规格要求
			空压机重新组装后，须进行功能测试	无泄漏，密封性及机组和附接组件的功能良好

续上表

序号	分类	项目	检修内容	技术要求
2	空气干燥器	总成	分解空气干燥器，清洁各部件	无积灰，无油污，无损坏
		紧固件	更新拆卸过的紧固件	功能正常
		密封件	更新密封件	功能正常
		干燥剂	更新干燥腔内的干燥剂	功能正常
		压力开关	功能测试	满足性能要求
		消声器	检查消声器上的排水接管是否畅通	功能正常
		总成	重新组装空气干燥器后，须进行功能测试	无泄漏；符合试验台测试要求；循环控制装置功能正常；用压力露点测量仪所测得的压力露点在当时的室外温度下必须在 35% 的空气相对湿度极限值曲线以下
3	微孔滤油器	总成	目视检查微孔滤油器，并排空滤出的油	无积灰，无油污，无损坏
			更新微孔滤油器滤芯	功能正常
4	风缸	各风缸	排水并目视检查	根据标准《简单非燃烧压力容器　第 4 部分：铁路车辆用空气制动设备和辅助气动设备用铝合金压力容器》(BS EN 286-4:1995)附件 G，目视检查风缸外观。如果风缸未通过此项检查，更换一个新的风缸。安装紧固，防松标记清晰无错位
			更新橡胶密封圈	密封性良好
5	管路	各管路	清洁管路并目视检查	管路无损伤、无漏气，所有截断塞门无漏气，功能正常
6	压力开关	总成	外观检查	外观、接线完好，无损伤；安装紧固，防松标记清晰无错位
二、气动设备				
1	制动控制设备 EP2002	总成	清洁并检查 EP2002 阀体总成	外观、接线电缆、连接器完好，无损伤；无脱漆、油漆平整；清洁度达到Ⅳ级；安装紧固，防松标记清晰无错位
			检测 EP2002	使用软件进行检查，无故障显示；测试接口安装良好，功能良好
			读取 EP2002 故障数据	无严重故障

续上表

序号	分类	项目	检修内容	技术要求
1	制动控制设备EP2002	总成	压力传感器校准	功能正常
			检测紧急制动产生的电源功能	功能正常
			对远程缓解工作进行检测	功能正常
			自检	功能正常
2	气制动控制设备	辅助控制模块面板	分解面板，清洁并目视检查底板及其管路	无灰尘，无积垢，底板无损坏
			更新气制动控制面板与阀体间的密封件	密封件无裂纹，安装牢固、无泄漏
			重新组装并测试(紧固件更新)	安装牢固，无松动，防松标记可见；无泄漏，符合试验台测试要求
		电磁阀	分解电磁阀，清洁并目视检查电磁阀阀体	按要求拆除电磁阀；清洁度达到Ⅳ级
			更新密封件、拆卸过的紧固件、弹簧和阀芯，组装后进行功能测试	功能良好，测试通过，并更换拆卸后的密封件，提供测试报告
		测试接口	清洁并目视检查接口外观	外观良好，无漏气
			用测压接头插入接口检测每个接口功能	测试接口功能正常
3	高度调节设备	高度阀及连杆组件、差压阀	拆除、清洁并目视检查阀体和连杆	无灰尘，无积垢，阀体无损坏；清洁度达到Ⅳ级
			更新密封件、拆卸过的紧固件和阀芯	安装牢固，无松动
			重新安装并进行测试	安装紧固，防松标记清晰无错位，球轴处转动灵活；若转动不灵活则涂抹润滑油
			高度阀、差压阀故障送修	功能正常，通过测试并提供测试报告，无法修复则更换

续上表

序号	分类	项目	检修内容	技术要求
4	辅助升弓设备	总成	目视检查外观辅助升弓模块	无损伤，无松动，安装紧固，防松标记无错位
		脚踏泵	清洁并目视检查脚踏泵	无灰尘，无积垢，阀体无损坏
			进行功能测试	无泄漏；符合试验台测试要求；提供测试报告
		空气过滤器	分解、清洁并目视检查空气过滤器	无灰尘，无积垢，无损坏
			更新密封件、拆卸过的紧固件和滤芯	安装牢固，无松动
		辅助空压机	更新过滤器滤芯	功能正常
			更新内部密封圈	密封性良好
		密封件	对管件内的O形密封圈进行更新	密封性良好
		压力表	测试压力表	功能正常，无泄漏；测试符合标准《弹性元件式一般压力表、压力真空表和真空表》（JJG 52—2013）的要求；提供第三方整定报告和合格证
5	其他	双针压力表	测试双针压力表	功能正常，无泄漏；照明灯珠功能良好；测试符合标准《弹性元件式一般压力表、压力真空表和真空表检定规程》（JJG 52—2013）的要求；提供第三方整定报告和合格证
			更新双针压力表软管接头	安装牢固，无松动，无泄漏
			更新不合格双针压力表	功能正常
		软管	检查软管	外观无损伤、无扭转；安装紧固、无干涉
			对检查有异常的软管更新软管	原厂型号，安装紧固，同时更新配套的密封件
			测漏	管路无泄漏，安装牢固
		速度传感器	目视检查外观	紧固件齐全、防松线无错位；电缆、外壳和插座套外观无裂纹，电缆与其他部件无干涉
			间隙测量	用量规通过轮对轴承盖的检测孔测量传感器头(a)与凸极转子(p)之间的距离，距离必须符合规定尺寸

续上表

序号	分类	项目	检修内容	技术要求
6	制动夹钳单元	总成	检查手动缓解装置	功能正常，无损坏
			清洁、检查制动夹钳单元	清洁度达到Ⅴ级，无损伤
			分解制动夹钳单元，清洁各部件	清洁度达到Ⅳ级，零部件分类存放
			对夹钳杠杆、吊座、丝杆等结构受力件进行目视检查	无积灰、积垢，无油污，无裂纹，无变形损坏，无磨损
			检查各部件并安装，更新密封件、橡胶和塑料等老化件，对磨损件进行尺寸外观检测，破损油漆面进行补漆	磨损件未磨耗到限，安装正确，油脂润滑到位，部件表面无影响功能的损伤
			装配制动夹钳单元，按例行试验大纲进行测试	满足大纲要求
			检查闸片	闸片厚度不得小于 5 mm，无裂纹，无缺块

4.5.4 车钩系统

车钩系统检修内容及技术要求见表 4.6。

表 4.6 车钩系统检修内容及技术要求

序号	分类	项目	检修内容	技术要求
1	各车钩	通用	对车钩整体进行清洁，检修前对车钩连挂、解钩、外观、配置等进行例行检查	无积灰，无油污，无积垢，无裂纹，无变形损坏，无磨损
			车钩分解至最小可维修单元，清洁检查	要求对不影响产品功能的磕碰、变形、凸起等缺陷可进行修复并圆滑过渡，对修整后的零部件进行相应的防护处理，存在无法修复的缺陷需更换新品
			紧固件更新	安装到位，无松动
			润滑	各零部件原润滑部位需重新润滑
			车钩组装	车钩性能满足要求

续上表

序号	分类	项目	检修内容	技术要求
2	头车全自动车钩	安装吊挂系统	更新拉断螺栓、防松板及拆卸下的紧固件	安装到位,无松动
			对钩尾销、连接座、安装板焊接组成进行探伤检查,存在裂纹应修复或更换	无裂纹,无变形损伤。探伤须符合标准《铸造　磁粉检测》(BS EN 1369:2012)的要求。提交探伤报告
			组装并润滑	各相对运动部件之间应涂润滑脂保证运动灵活
		压溃管组成	外观检查	压溃管组成整体检查,确认动作指示器无丢失和损坏
			尺寸检查	检查压溃管组成长度应满足尺寸要求
			60%～80%压装力复检	加压管和膨胀管连接牢固,无相对活动或转动
			压溃管触发时更新损坏零部件	安装到位,无松动
			对加压管卡口、导向杆卡口及喇叭口区域进行探伤检查,存在裂纹应修复或更换	无裂纹,无变形损伤。探伤须符合标准《铸造　磁粉检测》(BS EN 1369:2012)的要求。提交探伤报告,探伤要求见附录 A
		电气车钩	电气车钩分解检修,整体干燥清洁	无积灰,无油污,无积垢,无裂纹,无变形损坏,无磨损
			更新前端橡胶密封框、拉簧和接地线	安装到位,无松动
			更新变形、磨损严重的触点,动触点灵活无卡滞;更换触点密封圈	安装到位,无松动
			更新破损的波纹管、接头和绝缘体	安装到位,无松动
			对电气连接器进行绝缘和导通试验	检测合格
			对电气连接器油漆件表面油漆破损部位进行补漆	漆面平整,无明显色差

续上表

序号	分类	项目	检修内容	技术要求
2	头车全自动车钩	电气车钩	组装后检查	电气连接器伸出缩回动作灵活到位，前盖打开、关闭动作正常，无卡滞；检查电气连接器能随着机械车钩进行正常连挂和解钩，且连挂后前端橡胶密封框应贴合紧密无缝隙，无扭曲变形
		连挂系统	更新拉簧、支撑管、固定块、主轴套、直通式压注油杯、注油头保护帽	安装到位，无松动
			检查连挂杆圆柱面和钩舌虎口位置	无异常磨损
			对焊接钩体、钩舌、连挂杆进行探伤检查，存在裂纹应修复或更换	无裂纹，无变形损伤。探伤须符合标准《铸造 磁粉检测》(BS EN 1369:2012)的要求。提交探伤报告，探伤要求见附录 A
			待车钩组装完毕，随整钩检查连挂与解钩功能	功能正常，动作灵活无卡滞
			手动解钩组成：更新钢丝绳夹及盖形螺母	安装牢固，无松动
			风管连接器及风管组成：更新所有弹簧、橡胶类零件	安装到位，无松动
			组装后，检查前盖功能	前盖能够被灵活压入；卸除外力，前盖能够正常复位
			待车钩组装完毕，随整钩检查气密性满足要求	无漏气
			解钩气缸组成：更新解钩气缸弹簧、缓冲垫圈、活塞摩擦环、解钩气缸活塞杆套、O 形密封圈；组装后，随整钩检查解钩气缸功能正常	安装到位，无松动
		控制系统	更新管夹、密封垫、带有密封圈的气路接头、软管等	安装到位，无松动

续上表

序号	分类	项目	检修内容	技术要求
2	头车全自动车钩	控制系统	分解气控单元，彻底清洁气控单元体、二位五通气控阀，并疏通气控单元体内部气路	无积灰，无油污，无积垢
			气控单元更新气控阀胶垫、消音器、滤芯、O形密封圈以及接头密封	安装到位，无松动
			气控单元检查并更新破损、锈蚀的零部件	安装到位，无松动
			气控单元重新组装，润滑并防锈	安装到位，无松动
			气控单元气密检测	在0.88～1 MPa风压下进行，各气路不允许存在漏泄和相互间渗漏；同时各气路应通畅、气控逻辑正常
			待车钩组装后，随整钩检查气密性	气密性良好，且控制功能正常
		推送机构	端锁气缸分解检修，更新内部密封圈、防尘圈、磨耗件	功能正常
			端锁气缸检查缸体、活塞杆、端盖	无影响功能的锈蚀、变形和刮伤
			端锁气缸重新润滑、组装	气缸伸缩动作灵活，能够到位锁定，且手动解锁正常
			端锁气缸检查气密性试验	在0.88～1 MPa风压下保压5 min，压降不大于0.01 MPa
			更新推送气缸弹簧、轴套、止推垫片、端面轴承	安装到位，无松动
			检查导向杆	安装牢固，无变形
			组装后检查	随整钩检查推送机构伸缩动作灵活，能够到位锁定，且手动解锁正常
		对中装置	更新橡胶支撑、磨耗托座、支架安装座轴套、摩擦块组成、活塞杆套、止动环	功能正常

续上表

序号	分类	项目	检修内容	技术要求
2	头车全自动车钩	对中装置	对支架安装座、支架销轴进行探伤检查，存在裂纹应修复或更换	无裂纹，无变形损伤。探伤须符合标准《铸造　磁粉检测》(BS EN 1369:2012)的要求。提交探伤报告，探伤要求见附录A
			组装后检查	随整钩进行对中试验检查，对中及支撑功能正常
		缓冲系统	更新橡胶轴承、防松板、止推垫片、轴套、防尘圈、导向环、导向带及螺纹孔堵	安装到位，无松动
			对壳体组成拉环区域、牵引杆卡口区域进行磁粉探伤检查，存在裂纹应修复或更新	无裂纹，无变形损伤。探伤须符合标准《铸造　磁粉检测》(BS EN 1369:2012)的要求。提交探伤报告，探伤要求见附录A
			弹性胶泥芯子整体不拆解，对其进行静压试验	性能应满足要求
			静压异常时，应分解检修，更换密封件、重新灌装胶泥，组装后静压性能应满足要求	安装到位，无松动
			组装时，相对运动表面重新涂抹润滑脂	润滑均匀
		连接环组成	更换卡环安装螺栓组件	安装到位，无松动
			检查卡环排水孔	无堵塞
			对连接环进行磁粉探伤检查，存在裂纹应修复或更换	无裂纹，无变形损伤。探伤须符合标准《铸造　磁粉检测》(BS EN 1369:2012)的要求。提交探伤报告，探伤要求见附录A
			组装后，用润滑脂填满卡环安装螺栓裸露在外的部分(防腐蚀、防水)	润滑均匀
		其他零部件	更新管夹、固定扎带、固定卡箍、外螺纹保护套、保护套、接地标识、螺纹保护塞、热缩管、检修铭牌以及所有零部件拆下的紧固件	安装到位，无松动
			目视检查接地线	无破损、无断股和散股

续上表

序号	分类	项目	检修内容	技术要求
3	带缓冲器半永久钩缓装置B	安装吊挂系统	更新摩擦块组成、橡胶支承、轴承垫圈、钩尾销轴套	安装到位,无松动
			对安装焊接组成、钩尾销进行探伤检查,存在裂纹应修复或更换	无裂纹,无变形损伤。探伤须符合标准《铸造　磁粉检测》(BS EN 1369:2012)的要求。提交探伤报告,探伤要求见附录A
			组装时,各相对运动表面之间应涂润滑脂保证运动灵活	润滑均匀
		缓冲系统	更新橡胶轴承、防松板、止推垫片、轴套、防尘圈、导向环、导向带及螺纹孔堵	功能正常
			对壳体组成拉环区域、牵引杆卡口区域进行探伤检查,存在裂纹应修复或更换	无裂纹,无变形损伤。探伤须符合标准《铸造　磁粉检测》(BS EN 1369:2012)的要求。提交探伤报告,探伤要求见附录A
			弹性胶泥芯子整体不拆解,对其进行静压试验	性能应满足要求
			静压异常时,应分解检修,更新密封件、重新灌装胶泥,组装后静压性能应满足要求	安装到位,无松动
			组装时,相对运动表面重新涂抹润滑脂	润滑均匀
		连接环组成	更新卡环安装螺栓组件	安装到位,无松动
			检查卡环排水孔	无堵塞
			对连接环进行探伤检查,存在裂纹应修复或更换	无裂纹,无变形损伤。探伤须符合标准《铸造　磁粉检测》(BS EN 1369:2012)的要求。提交探伤报告,探伤要求见附录A
			组装后,用润滑脂填满卡环安装螺栓裸露在外的部分(防腐蚀、防水)	润滑均匀

续上表

序号	分类	项目	检修内容	技术要求
3	带缓冲器半永久钩缓装置B	其他零部件	更新异形密封圈、保护套、外螺纹保护套、螺纹保护塞、管夹组成、热缩管、波纹管夹、接地标识、检修铭牌以及所有零部件拆下的紧固件	安装到位，无松动
			对加长杆焊接组成进行探伤检查，存在裂纹应修复或更换	无裂纹，无变形损伤。探伤须符合标准《铸造　磁粉检测》(BS EN 1369:2012)的要求。提交探伤报告
			目视检查接地线	无破损、无断股和散股
4	带压溃管半永久钩缓装置C	中间车压溃管组成	外观检查	压溃管组成整体检查，确认动作指示器无丢失和损坏
			压溃管长度尺寸检查	检查压溃管组成长度满足尺寸要求
			60%～80%压装力复检	加压管和膨胀管连接牢固，无相对活动或转动
			压溃管触发时更换损坏零部件	安装到位，无松动
			对加压管卡口、导向杆卡口及喇叭口区域进行探伤检查，存在裂纹应修复或更换	无裂纹，无变形损伤。探伤须符合标准《铸造　磁粉检测》(BS EN 1369:2012)的要求。提交探伤报告，探伤要求见附录A
		安装吊挂系统	更换摩擦块组成、橡胶支承、轴承垫圈、钩尾销轴套	安装到位，无松动
			对安装焊接组成、钩尾销进行探伤检查，存在裂纹应修复或更换	无裂纹，无变形损伤。探伤须符合标准《铸造　磁粉检测》(BS EN 1369:2012)的要求。提交探伤报告，探伤要求见附录A
			组装时，各相对运动表面之间应涂润滑脂保证运动灵活	润滑均匀
		拉杆总成	更新橡胶轴承、衬套、摩擦板	安装到位，无松动
			对拉杆组成卡口与拉环区域进行磁粉探伤检查，存在裂纹应修复或更换	无裂纹，无变形损伤。探伤须符合标准《铸造　磁粉检测》(BS EN 1369:2012)的要求。提交探伤报告，探伤要求见附录A

续上表

<table>
<tr><th>序号</th><th>分类</th><th>项目</th><th>检修内容</th><th>技术要求</th></tr>
<tr><td rowspan="7">4</td><td rowspan="7">带压溃管半永久钩缓装置C</td><td rowspan="4">连接环组成</td><td>更新卡环安装螺栓组件</td><td>安装到位,无松动</td></tr>
<tr><td>检查卡环排水孔</td><td>无堵塞</td></tr>
<tr><td>对连接环进行磁粉探伤检查,存在裂纹应修复或更新</td><td>无裂纹,无变形损伤。探伤须符合标准《铸造　磁粉检测》(BS EN 1369:2012)的要求。提交探伤报告,探伤要求见附录A</td></tr>
<tr><td>组装后,用润滑脂填满卡环安装螺栓裸露在外的部分(防腐蚀、防水)</td><td>润滑均匀</td></tr>
<tr><td rowspan="2">其他零部件</td><td>更新风管连接器中的异形密封圈、接地标识、固定扎带、外螺纹保护套、保护套、螺纹保护塞、管夹组成、波纹管夹、热缩管、检修铭牌以及所有零部件拆下的紧固件</td><td>安装到位,无松动</td></tr>
<tr><td>目视检查接地线</td><td>无破损、无断股和散股</td></tr>
<tr><td rowspan="7">5</td><td rowspan="7">各车钩</td><td rowspan="2">油漆</td><td>对零部件油漆局部破损位置进行补漆</td><td rowspan="2">补漆允许漆膜厚度、油漆颜色与原油漆存在差异</td></tr>
<tr><td>零部件探伤区域或油漆破损严重的零部件应重新喷漆</td></tr>
<tr><td rowspan="2">镀层要求</td><td>对镀层局部锈蚀的零部件喷涂适用、适量润滑脂进行防护</td><td>满足性能要求</td></tr>
<tr><td>镀层表面处理破损严重时,重新进行表面处理</td><td>满足性能要求</td></tr>
<tr><td rowspan="3">车钩组装</td><td>组装</td><td>(1)车钩严格按照图纸和工艺文件要求进行组装;
(2)主要组成部件保持原钩的对应关系,不得混装</td></tr>
<tr><td>润滑</td><td>(1)相对运动表面和配合面均应涂抹适用、适量润滑脂;
(2)螺栓组装时应在螺纹上涂抹适用、适量螺纹润滑脂</td></tr>
<tr><td>防松</td><td>所有螺栓、螺母组装时应拧紧至规定的扭矩值,并划上防松标记</td></tr>
</table>

续上表

序号	分类	项目	检修内容	技术要求
5	各车钩	例行试验检查	对车钩检修后的状态，包括外观、配置、基本尺寸、摆动性能、连挂与解钩性能、气密性等，进行逐一检查并记录	均合格满足性能要求
			连挂间隙	头车全自动车钩不大于 2 mm
			气密性	在 0.88～1 MPa 风压下，保压 5 min，压降不大于 0.02 MPa

4.5.5 车门系统

车门系统检修内容及技术要求见表 4.7。

表 4.7 车门系统检修内容及技术要求

序号	分类	项目	检修内容	技术要求
一、客室电动门				
1	门页	车门部件拆除	拆下车门门扇	轻拿轻放，按编号存放
			拆下扶手及门立柱盖板	轻拿轻放，按编号存放
		总成	目视检查门页外观	无损坏，无鼓包，无翘起
			门页油漆找补	局部修补油漆及门板抛光
		玻璃	目视检查门页玻璃	玻璃窗无损坏，玻璃内无积水，有积水则更换
			目视检查玻璃密封胶	玻璃密封胶无破损，否则重新涂打玻璃密封胶
		护指胶条	更新检查护指胶条并润滑	安装牢固，无破损、无老化、整体密封性良好
		周边胶条	更新门周边密封胶条并润滑	安装牢固，无破损、无老化、整体密封性良好
2	承载机构	滚动销	目视检查滚动销	功能良好，安装牢固
		电机	目视检查车门电机	接线无松动，外观良好，功能正常
			功能测试	功能良好
		长导柱	清洁检查并润滑	无裂纹、无松动，润滑均匀
		丝杆	清洁检查并润滑	无裂纹、无松动，润滑均匀
		丝杆轴承	清洁检查并润滑	无裂纹、无松动，润滑均匀

续上表

序号	分类	项目	检修内容	技术要求
2	承载机构	短导柱	清洁检查并润滑	无裂纹、无松动,润滑均匀
		上滑道	清洁检查并润滑	无裂纹、无松动,润滑均匀
		携门架组件	更新滚轮并润滑	安装牢固,润滑均匀
		坦克链	目视检查	无损坏、无脱落,否则更换
		平衡轮组件	更新滚轮、压轮并润滑平衡轮表面	安装牢固,润滑均匀
		传动螺母	目视检查	无裂纹,无松动
		锁紧螺母	目视检查	无裂纹,无松动
		中挂架	目视检查	无裂纹,无松动
		边挂架	目视检查	无裂纹,无松动
		开关触发撞板	目视检查	开关触发撞板位置正确,无松动
		挡卡	目视检查	传动架上挡卡组件装配正确
		直线轴承套	目视检查并润滑直线轴承套	无裂纹,润滑均匀
3	摆臂组件	下滑道	清洁并润滑	无裂纹、无松动,润滑均匀
		下摆臂组件	更新并润滑	下摆臂组件挡卡与转轴安装牢固,无断裂松动情况
4	限位开关	关到位限位开关	功能检查	功能正常,若有异常则进行调整
		锁到位限位开关	功能检查	功能正常,若有异常则进行调整
		紧急解锁限位开关	功能检查	功能正常,若有异常则进行调整
		电气隔离限位开关	功能检查	功能正常,若有异常则进行调整
5	门控器	总成	检查门控器	安装牢固,接线无松动,插头安装牢固
			功能测试	功能良好
		端子排	目视检查端子排外观	外观完好,无损坏

续上表

序号	分类	项目	检修内容	技术要求
6	外部解锁装置	外部解锁钢丝绳	目视检查	外观完好，无损坏
		功能检查	检查解锁功能	解锁功能正常，无卡滞
7	内部解锁装置	总成	清洁并检查紧急解锁装置	外观完好，无损坏
			功能测试	动作灵活，指示灯显示正确，司机室面板显示正确
		内部解锁钢丝绳	目视检查	外观完好，无损坏
		功能检查	检查解锁功能	解锁功能正常，无卡滞
		内部解锁面罩	目视检查紧急解锁面罩	外观完好，无损坏；有损坏则进行更换
8	切除装置	总成	清洁并目视检查切除装置	外观完好，无损坏
			功能测试	动作灵活，指示灯显示正确，司机室面板显示正确
9	门槛	总成	清洁并检查门槛	无损坏，安装牢固
		门页定位槽	检查门页定位槽	定位槽无变形和过度磨损，安装牢固
			检查门页定位销	定位销外观良好，无磨损，无偏磨，安装牢固
			更新下挡销紧固件	安装牢固
10	指示灯	总成	目视检查指示灯	外观良好，无破损，无开裂
			功能测试	功能正常
11	蜂鸣器	功能检查	功能测试	功能正常，若有异常则更换
12	紧固件	外观检查	检查紧固件	外观完好，色标清晰，无松动
13	线缆	外观检查	检查线缆	安装牢固，线缆连接可靠，外观无破损，与车门金属部件无干涉
14	车门组装	总成	组装车门各部件	安装牢固，功能正常
15	调试	机械调门	门页上部外摆	尺寸要求详见附录 C
			门页下部外摆	尺寸要求详见附录 C
			门页平行度	尺寸要求详见附录 C
			V 形尺寸	尺寸要求详见附录 C

续上表

序号	分类	项目	检修内容	技术要求
15	调试	机械调门	门页上部紧密性	尺寸要求详见附录C
			门页下部紧密性	尺寸要求详见附录C
			门页净开度	尺寸要求详见附录C
			门页对中	尺寸要求详见附录C
			门页定位销	尺寸要求详见附录C
二、司机室侧门				
1	门页	总成	目视检查门页外观	无损坏，无鼓包，无翘起
			门页油漆找补	局部修补油漆及门板抛光
		玻璃	目视检查门页玻璃	玻璃窗无损坏，玻璃内无积水，有积水则更换
			目视检查玻璃密封胶	玻璃密封胶无破损，否则重新涂打玻璃密封胶
		周边密封胶条	更新检查周边胶条并润滑	安装牢固，无破损、无老化、整体密封性良好
		门框组件	目视检查	无破损，无变形
		门锁总成	拆卸门锁并功能测试	内部清洁润滑，内部零部件无磨损；操作内外把手，微动开关正确触发，开关门功能正常
		外锁盒	目视检查	外观无损坏，无变形
		内锁盒	目视检查	外观无损坏，无变形
		门把手	目视检查	外观无损坏，无变形
		保险锁	功能测试	保险锁关闭后无法直接从内外开门
		铰链	目视检查并润滑	安装牢固，润滑均匀
2	门页调试	机械调门	门页高度	尺寸要求详见附录C
			门页与门框间隙	尺寸要求详见附录C
			门锁	尺寸要求详见附录C

4.5.6 车体系统

车体系统检修内容及技术要求见表4.8。

表 4.8　车体系统检修内容及技术要求

序号	项目	检修内容	技术要求
1	车头面罩及裙板	目视检查车头面罩、车头裙板及车头外壳与车体接缝硅胶	外观完好，无变形损伤。如有局部损坏，须修补并补漆；车头裙板安装牢固，紧固件无缺失、无松动；车头外壳与车体接缝硅胶无裂纹
2	车体外壳	车体外壳油漆局部找补	漆面平整，无色差，无流挂现象
		清洁车顶送风口、回风口、排水孔	清洁度达到Ⅳ级，无堵塞
		检查司机室与车体密封情况	密封胶完好无开裂，黏结牢固，并做淋雨试验
		目视检查车体端墙及其门角焊缝	无裂纹
3	排水软管	检查车辆端墙外部排水管；检查车内部排水管外部及连接位置有无开裂及缺损问题	检查排水管及管接头，无开裂、无漏水；检查车内部排水管，无开裂，无漏水，连接及固定位置无松动
4	蹬车梯	目视检查	安装紧固无松动，无脱落，防松标记清晰可见，无错位
5	架车点	目视检查	安装牢固，无松动脱落
6	车体标记	检查车体各标记	标记清晰，无缺失
7	防爬器	检查司机室连接螺栓、防爬器连接螺栓	紧固件无缺失，安装牢固，防松标记清晰可见，无错位
8	灯	检查头灯、尾灯、运行灯外观	灯罩安装牢固，密封性能良好
9	司机室门边扶手	目视检查司机室门边扶手	紧固件外观完好，色标完整；安装牢固，扶手无松动
10	底架	检查边梁、吊挂梁	边梁、吊挂梁翻边无裂纹，焊缝无裂纹，车体可视结构焊缝无裂纹，状态良好
11	车底各箱体、缸体支架	目视检查车底安装各箱体、缸体支架外观	无裂纹，目视检测符合《无损检测　目视检测　总则》(GB/T 20967—2007)的要求，并提交测试报告

4.5.7 贯通道系统

贯通道系统检修内容及技术要求见表 4.9。

表 4.9 贯通道系统检修内容及技术要求

序号	项目	检修内容	技术要求
1	折棚	清洁并目视检查折棚外观	无积垢，无油污，棚布无撕裂，标牌无丢失
		检查贯通道筒灯	照明良好，安装牢固，无损坏
		检查螺钉框	无损坏，无变形；安装孔无撕裂，锁压板、锁闭机构、支撑板无损坏；安装牢固
		检查限位绳总成	无损坏；如有损坏，须更换
		更新密封胶条	安装到位，密封良好
2	侧护板	清洁并目视检查侧护板及安装座	无积垢，无油污；板面无裂纹，无变形；安装牢固，铰链转动灵活
		检查盖板总成	无积垢，无油污，无裂纹，无变形，安装牢固
		检查裙边	无积垢，无油污，无损坏
		检查橡胶挡板	无积垢，无油污，无裂纹，无变形，安装牢固
		检查锁闭手柄	无积垢，无油污，无裂纹，无变形，安装牢固
		检查保持绳	无裂纹，无变形
		检查转轴机构体并润滑	无积垢，无油污，无裂纹，无变形；检查转轴机构体弹簧并润滑，若失效则更换
3	顶板	清洁并目视检查	无破损，无油污
		检查并润滑铰链	无损坏，无变形，铰链转动灵活，无卡滞，润滑均匀
		更换贴膜	无损坏
4	踏板	检查渡板磨耗条	安装牢固，功能良好，外观无明显磨损及划痕，磨损量不大于 1.5 mm；不符合技术标准做换新处理
		检查并润滑铰链	无损坏，无变形，铰链转动灵活，无卡滞，润滑均匀
		检查踏板与地板布连接处密封胶条	无破损，安装牢固，密封良好
		检查支架	无损坏，无变形

4.5.8 内装系统

内装系统检修内容及技术要求见表 4.10。

表 4.10 内装系统检修内容及技术要求

序号	分类	项目	检修内容	技术要求
一、司机室内装				
1	司机室设施设备	司机室座椅	清洁并目视检查座椅软垫、座椅套、座椅紧固件	清洁度达到Ⅴ级；安装牢固，无损坏。如有损坏，须更换。紧固件无变形损伤，防松标记清晰无缺失、错位；如有缺失、错位，须更新紧固件并涂打螺纹胶
			清洁检查并润滑座椅调整机构	清洁度达到Ⅴ级，部件无缺失，无损坏。轻微损坏可局部修复，若无法修复则更换。座椅上下、前后旋转，坐垫前后、靠背旋转调整功能完好，润滑均匀
		司控台总成	清洁并目视检查司控台总成	无破损，无油污，各按钮旋钮位置正确，保护盖无破损，功能正常
		挡风玻璃	清洁并目视检查挡风玻璃	清洁度达到Ⅴ级；表面无裂纹，无划痕，视物清晰，如有划痕须去除；安装牢固
			目视检查密封件	无损坏、无老化、无松动；如有损坏或老化，须更新
			电加热功能测试	功能完好
		雨刮器	目视检查雨刮臂外观	无变形损伤；轻微变形须矫正，严重变形则更新
			清理喷射孔堵塞	无堵塞，功能良好
			更换雨刮片	安装牢固
			目视检查水箱及水箱盖	无变形损伤，安装牢固
			电机性能测试	功能正常，当电机累计使用 500 h 刮雨器可继续使用时，需更新碳刷
			雨刮器性能测试	功能正常
		蓄电池电压表、里程表	目视检查表具外观	外观状态良好，背光灯显示正常，第三方机构送检并提供整定报告和合格证

续上表

序号	分类	项目	检修内容	技术要求
1	司机室设施设备	内饰板	清洁并目视检查内饰板及设备外观	清洁度达到Ⅴ级，漆面平整，无变形损伤；如有局部破损，可打磨掉面漆后补漆，补漆后要求无明显色差
		设备柜	清洁并目视检查设备柜各部件	清洁度达到Ⅴ级，漆面平整，无变形损伤；如有局部破损，可打磨掉面漆后补漆，补漆后要求无明显色差
			门锁及铰链功能检查	开关/锁闭功能正常，紧固件完好
			目视检查接地线	地线环固定在设备的接地螺栓上，接线无松动、无断股现象
		灭火器	检查灭火器	灭火器无缺失，安装牢固，灭火器在有效期内，超期须更换，压力指针指在绿色范围，欠压更换
		遮阳帘	清洁遮阳帘	清洁度达到Ⅴ级
			目视检查遮阳帘外观	无损坏，无松动
			遮阳帘功能测试	动作灵活，无破损
		地板布	清洁并检查地板布外观	无鼓包、起皱或损坏。如存在上述现象且区域直径大于150 mm的，须局部切割更换；目视无可见的油污、水渍、灰尘及其他异物
		隔间门组成	目视检查隔间门框	漆面平整，无损坏，无变形，如有局部破损，可打磨掉面漆后补漆，补漆后要求无明显色差
			目视检查连接支架	无损坏，无变形
			目视检查并润滑铰链	外观无异常，动作灵活
			测试限位开关功能	限位功能正常，接线无松脱
			目视检查锁挡板	无损坏，无变形
			测试门锁功能	开启关闭保险功能正常，在客室侧只能通过钥匙打开
			目视检查门吸	无损坏，磁性良好
			目视检查猫眼	无损坏，无变形
		司机室标识	目视检查司机室标识	无破损，标识清晰
		堵头	检查所有堵头，若有损坏，则更新	安装牢固，功能良好

续上表

<table>
<tr><th>序号</th><th>分类</th><th>项目</th><th>检修内容</th><th>技术要求</th></tr>
<tr><td colspan="5">二、客室内装</td></tr>
<tr><td rowspan="17">1</td><td rowspan="17">客室设施设备</td><td>地板布</td><td>清洁并检查地板布外观</td><td>无鼓包、起皱或损坏。如存在上述现象且区域直径大于 150 mm 的，须局部切割更换；目视应无可见的油污、水渍、灰尘及其他异物。检查地板压条与地板布连接处密封胶条应无破损</td></tr>
<tr><td>客室墙体</td><td>清洁并目视检查侧墙、端墙</td><td>清洁度达到Ⅴ级，无变形，安装稳固，无松动</td></tr>
<tr><td>门柱罩板</td><td>清洁并目视检查门柱罩板</td><td>清洁度达到Ⅴ级，无变形，安装稳固，无松动</td></tr>
<tr><td>客室顶板</td><td>清洁并目视检查顶板</td><td>清洁度达到Ⅴ级，无变形</td></tr>
<tr><td>灭火器</td><td>检查灭火器</td><td>灭火器无缺失，铅封完好，安装牢固，灭火器在有效期内，超期更换，压力指针指在绿色范围，欠压更换</td></tr>
<tr><td rowspan="2">拱形板及其锁</td><td>目视检查拱形板及其锁</td><td>无损坏，安装牢固</td></tr>
<tr><td>功能检查</td><td>开关/锁闭功能完好</td></tr>
<tr><td>客室玻璃</td><td>目视检查客室玻璃</td><td>外观完好、无水气，否则更新；视物清晰；密封胶条无裂纹及老化</td></tr>
<tr><td>立柱</td><td>目视检查立柱</td><td>无缺失、松动，色标完整；如有，须更换新紧固件并涂打螺纹胶</td></tr>
<tr><td>扶手</td><td>目视检查所有扶手</td><td>无缺失、松动，色标完整；如有，须更换新紧固件并涂打螺纹胶</td></tr>
<tr><td rowspan="3">设备柜</td><td>清洁并目视检查各部件</td><td>清洁度达到Ⅴ级，安装牢固，漆面平整，无变形损伤</td></tr>
<tr><td>门锁及铰链功能检查</td><td>开关/锁闭功能正常，紧固件完好</td></tr>
<tr><td>目视检查接地线</td><td>地线环固定在设备的接地螺栓上，接线无松动、无断股现象</td></tr>
<tr><td>散流器</td><td>目视检查</td><td>无变形损伤</td></tr>
<tr><td>中顶板</td><td>目视检查</td><td>无变形损伤</td></tr>
<tr><td>侧顶板</td><td>目视检查</td><td>无变形损伤</td></tr>
<tr><td>客室 USB 方便插座</td><td>目视检查</td><td>外观良好，功能正常</td></tr>
<tr><td></td><td></td><td>安全锤</td><td>目视检查</td><td>无丢失，外观完好，安装紧固</td></tr>
</table>

续上表

序号	分类	项目	检修内容	技术要求
1	客室设施设备	拉环	目视检查	拉环无损坏脱落
		屏风	目视检查	无变形损伤
		客室座椅	目视检查	无变形损伤,目视检查座椅布无油污,轻轻敲击座椅,确认座椅与骨架间的紧固件安装紧固,无结构性损伤
		靠椅及残疾人安全带	目视检查	安装稳固,无变形、无松动,安全带无划伤破损,抽出后应能够自动收回
		制动隔离阀柜	目视检查	铭牌标记清晰,方孔锁功能正常无损坏,整体外观无异常
		墙体油漆	墙体表面油漆找补	表面油漆平整,无明显色差
		客室内、外标识	目视检查	无破损,标识清晰
		空调进出风格栅	清洁、检查客室空调进出风格栅	清洁度达到Ⅳ级,表面油漆无破损
		门槛	清洁、检查门槛	清洁度达到Ⅴ级,无损坏
		罩板	检查车门紧急解锁罩板、乘客紧急通信罩板	无缺失,无损坏,安装可靠
		广告框	检查车内广告框	无损坏,安装可靠
		送风口、回风口	清洁送风口、回风口	清洁度达到Ⅳ级
		风道	清洁、检查风道	清洁度达到Ⅳ级。风道清洁过程不得损伤风道及保温层,清洁过后无明显积灰,遮蔽包装应完整严密。风道清洁完成后须达到以下标准:风道内部积尘量不大于 1 g/m^2;致病微生物不得检出;细菌总数不大于 100 cfu/cm^2;真菌总数不大于 100 cfu/cm^2;可吸入颗粒物 PM_{10} 不大于 0.12 mg/m^3;要求符合《公共场所集中空调通风系统卫生规范》(WS 10013—2023)及《公共场所集中空调通风系统清洗消毒规范》(WS/T 10005—2023)
		客室灯具	检测驱动器	安装牢固,功能良好

续上表

序号	分类	项目	检修内容	技术要求
1	客室设施设备	客室灯具	检查光源板组成	若不亮或损坏，需更新
			灯罩	检查灯罩板无发黄、无破损等，否则更换
		堵头	检查所有堵头，若有损坏，则更新	安装牢固，功能良好

4.5.9 牵引系统

牵引系统检修内容及技术要求见表 4.11。

表 4.11 牵引系统检修内容及技术要求

序号	分类	项目	检修内容	技术要求
1	制动电阻	总成	清洁检查制动电阻箱体外部，检查箱体悬挂、紧固件	箱体外部清洁度达到Ⅴ级，无损坏，无锈蚀，无变形，紧固件无松动
			清洁、检查电气接线盒内部	清洁度达到Ⅳ级，接线端子紧固牢固，无放电、烧损痕迹
			清洁、检查绝缘柱	清洁度达到Ⅳ级，无裂纹
			工频耐压测试	在 AC 1 408 V、50 Hz 条件下，历时 1 min，无火花，无闪络
			清洁、检查温控系统	清洁热敏电阻 PT100，清洁度达到Ⅳ，热敏电阻 PT100 功能正常，阻值符合 PT100 温度特性
			清洁、检查制动电阻内部	清洁度达到Ⅴ级
				连接螺栓无松动，电阻单元无变形
		风机	清洁、检查风机	清洁度达到Ⅳ级，拆卸风机过滤罩网，风机内部无粉尘、扇叶转动平稳、无刮边，安装牢固（叶片紧固螺栓状态良好、螺母出扣量正常）、导线固定到位，风机漆面无破损、裂纹
			更新风机轴承及油封	安装正确、牢固
			测量风机电机三相绕组及对地绝缘	三相电阻平衡，不平衡度小于 5%，500 V 兆欧表下绝缘电阻大于 10 MΩ
			测量风机振动	运行无异响，振动值小于 2.8 mm/s
			风机空转试验	无异响，风机平稳运行，无刮边，三相电流平衡

续上表

序号	分类	项目	检修内容	技术要求
1	制动电阻	电阻排	测量电阻单元电阻值	制动电阻单元 $R_{12}=2.4\times(1\pm5\%)\ \Omega$、$R_{34}=2.4\times(1\pm5\%)\ \Omega$、$R_{56}=2.85\times(1\pm5\%)\ \Omega$(注:规定电阻排中 X1-X2 接线间的电阻值为 R_{12}、X3-X4 接线间的电阻值为 R_{34}、X5-X6 接线间的电阻值为 R_{56},如图 4.2 所示)
			测量电阻排对地绝缘电阻	500 V 兆欧表下绝缘电阻大于 10 MΩ
2	牵引电机	总成	目视检查	(1)外壳、端盖无损伤、无变形; (2)铭牌、绝缘子、传感器电缆、引出线齐全无破损; (3)接线盒完好,内部端子无烧损痕迹,清洁度Ⅲ级; (4)孔盖、安装螺孔无缺损,无滑牙; (5)注油嘴通畅; (6)检查电机悬挂,无裂纹; (7)检查电机表面漆,无裂纹、破损; (8)检查传感器接头,连接器无损伤、缩针
		电机绕组	电机试验相间冷态电阻值测试	绕组电阻值测量:测量三相绕组每两相之间(U-V、V-W、W-U)电阻值,两相间电阻值为 $99.86\times(1\pm5\%)$ MΩ(20 ℃),U、V、W 为三相电机的三相线
		温度传感器	温度传感器测试	引脚间无开路、短路,引脚对地无短路,阻值符合 PT100 温度特性,读数差别不应超过环境温度±1℃
		绕组绝缘	绕组对地绝缘电阻测试	不小于 5 MΩ(DC 1 000 V)
		耐压测试	定子绕组对机壳的耐压	在 AC 3 440 V、50 Hz 条件下,历时 1 min,不发生绝缘击穿
		空转试验	空转试验	无异响,电机平稳运行,没有走步现象,三相电流平衡
		速度传感器	速度传感器测试	功能正常,对地绝缘大于 10 MΩ(DC 250 V)
		振动试验	振动试验	转速分别为 1 800 r/min、2 500 r/min、3 481 r/min 时,机身三个方向的振动值小于 3.5 mm/s
		轴承	轴承重新注油脂	重新注油前需将润滑腔室内的废旧润滑油清理干净,电机传动端、非传动端均涂 20 g 润滑脂
		滤网	清洁滤网	拆卸后清洁进风口滤网,清洁度达到Ⅴ级,无变形、损坏
		工频耐压试验	工频耐压试验	在 AC 3 440 V、50 Hz 条件下,历时 1 min,不发生绝缘击穿

续上表

序号	分类	项目	检修内容	技术要求
3	滤波电抗器	箱体、接线盒	清洁、检查滤波电抗器外部	清洁度达到Ⅳ级，外部结构无变形、伤痕、裂纹、锈蚀
			清洁、检查接线盒内部	清洁度达到Ⅳ级，接线端子紧固牢固，无放电、烧损痕迹
		线圈	清洁线圈上的金属粉尘、检查线圈	清洁度达到Ⅳ级，表层绝缘及绝缘垫无损坏、击穿、烧损痕迹
			电抗器线圈直流电阻测试	标准直流电阻值 0.089×(1±10%) Ω(150 ℃)电抗器线圈电阻用下式进行计算：$R(150°)=R_i(225+150)/(225+T_i)$，$T_i$ 为环境温度，R_i 为环境温度下所测的电阻值
		绝缘测试	绝缘电阻测试	2 500 V下绝缘电阻大于 20 MΩ
4	牵引箱	箱体	清洁、检查牵引箱内外部	(1)内部清洁度达到Ⅳ级，外部清洁度达到Ⅴ级； (2)外部无腐蚀、变形或其他损坏； (3)安装吊耳无开裂等破损情况； (4)焊缝无裂纹； (5)箱体内部无积水痕迹
		密封件	检查牵引箱盖板锁、铰接组件及密封件	(1)箱盖密封良好，锁舌、锁扣板安装牢固，功能正常； (2)箱盖铰接组件无裂纹； (3)密封件无破损、严重变形
		电气件	检查牵引箱内外部连接器及其紧固件、电缆密封接头	连接器无松动、缩针、镀层氧化、脱落、变形情况，密封良好，紧固件安装牢固，电缆密封接头密封良好
			检查牵引箱内部电缆、母排、端子、绝缘子、绝缘板	电缆、母排、端子等部件未出现变色、开裂、剥落、松动现象，绝缘板无裂纹及劣化
			检查、测量放电电阻	安装牢固，无松动，无变色、开裂、剥落，阻值为 8 000×(1±5%) Ω
			检查电压、电流传感器	外观无损坏、劣化，接线无闪灼痕迹，无松动
			检查滤波组件	无损坏及褪色，无损坏，无劣化，无松动
		逆变器模块	清洁、检查逆变器散热器及其护罩	清洁度达到Ⅴ级，散热器护罩无破损、无严重变形，油漆无破损

续上表

序号	分类	项目	检修内容	技术要求
4	牵引箱	逆变器模块	检查逆变器模块外部线缆插头	连接器插针无松动、缩针、镀层氧化、脱落；连接器外观无变形、腐蚀；安装牢固
			检查逆变器模块	模块表面无破损，母排无烧灼、腐蚀痕迹，驱动板无变形，接线无松动、虚接，接线紧固螺栓及安装紧固螺栓均紧固无松动
		传动控制单元	模块支持电容测试	4 300×(1±10%) μF，电压 2 000 V
			清洁、检查控制单元外表面	清洁度达到Ⅲ级，无损坏
			检查各连接器	连接器插针无松动、缩针、镀层氧化、脱落；连接器外观无变形、腐蚀；安装牢固

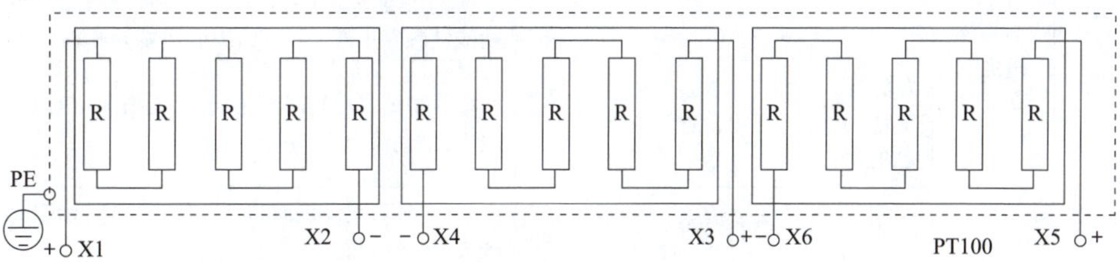

图 4.2　测量电阻单元电阻值

4.5.10　网络控制系统

网络控制系统检修内容及技术要求见表 4.12。

表 4.12　网络控制系统检修内容及技术要求

序号	分类	项目	检修内容	技术要求
1	远程输入输出模块	总成	清洁并目视检查外观	清洁度达到Ⅳ级；无损伤，接线牢固；线缆表面和绝缘层无损坏；标识无缺失，字迹清晰
			功能检查	指示灯正常工作
2	中央控制单元	总成	清洁并目视检查外观	清洁度达到Ⅳ级；无损伤，接线牢固；线缆表面和绝缘层无损坏；标识无缺失，字迹清晰
			功能检查	指示灯正常工作
		插头	清洁并目视检查插头	无积灰；插针无发黑，无缩针，无氧化；安装牢固
		电子板卡	清洁并目视检查电子板卡	无积灰；插针无发黑，无缩针，无氧化；安装牢固

续上表

序号	分类	项目	检修内容	技术要求
2	中央控制单元	电子板卡	检查电子板卡功能，更新功能异常或故障率较高的电子板卡	功能正常，安装牢固
		指示灯	清洁并目视检查外观	设备运行状态指示灯正常
		软件	确认控制系统所有软件版本	同一车型所有列车软件版本与原车一致
3	司机室显示屏	总成	清洁并目视检查外观	清洁度达到Ⅳ级；无损伤，接线牢固；线缆表面和绝缘层无损坏；标识无缺失，字迹清晰；接插件无破损，插针无发黑，无缩针，无氧化；标识无缺失，字迹清晰
			功能测试	显示屏触摸控制功能工作状态正常，屏幕显示无变色情况，系统版本无错误；司机室屏幕板面模式切换功能正常，屏幕无卡滞、漂移；触摸功能键触发正常，无漂移，界面切换无卡滞
		多功能车辆总线MVB接口	目视检查	接线牢固；线缆表面和绝缘层无损坏；标识无缺失，字迹清晰
		电源接口	目视检查	接线牢固；线缆表面和绝缘层无损坏；标识无缺失，字迹清晰
		以太网接口	目视检查	接线牢固；线缆表面和绝缘层无损坏；标识无缺失，字迹清晰
		背光灯	显示屏背光灯功能检查	能正常亮起，如不能须更新
4	空气开关、断路器	总成	检查接线	接线牢固；线缆表面和绝缘层无损坏；标识无缺失，字迹清晰
			功能检查	所有空气开关动作正常，切除、复位功能正常，所有空气开关设置正确
5	继电器、接触器	总成	清洁并目视检查外观	无积灰，无损伤，接线牢固，线缆表面和绝缘层无损坏，标识无缺失，字迹清晰
			功能检查	继电器、直流接触器吸合动作正常，无卡滞现象，声音清脆，联锁关系正常。触点表面无氧化，继电器接触电阻不大于1 Ω。涉及更换见附录B
6	开关（含旁路）、按钮（含保护盖）	总成	清洁并目视检查外观	无积灰，无损伤；接线牢固；标识无缺失，字迹清晰
			功能检查	开关、按钮动作正常，无卡滞现象，声音清脆，触头动作正常

续上表

序号	分类	项目	检修内容	技术要求
7	电气柜、设备柜及司控台中接线排	总成	清洁并目视检查外观	无积灰，无损伤；接线牢固；线缆表面和绝缘层无损坏；标识无缺失，字迹清晰
8	二极管	总成	清洁并目视检查外观	无积灰，无损伤；接线牢固；线缆表面和绝缘层无损坏；标识无缺失，字迹清晰
			功能检查	功能正常
9	各类小型熔断器	总成	清洁并目视检查外观	无积灰，无损伤；接线牢固；线缆表面和绝缘层无损坏；标识无缺失，字迹清晰
10	各类指示灯	总成	清洁并目视检查外观	无积灰，无损伤；接线牢固；线缆表面和绝缘层无损坏；标识无缺失，字迹清晰
11	蜂鸣器	总成	功能测试	功能正常
12	网络	总成	检测网络状态	无错误报文；所有协议在用端口错误报文不超过二百万分之一
13	中继/转发设备	总成	清洁并目视检查外观	清洁度达到Ⅳ级；无损伤，接线牢固；线缆表面和绝缘层无损坏；标识无缺失，字迹清晰
14	多功能车辆总线MVB终端电阻	总成	清洁并目视检查外观	无积灰，无损伤；接线牢固；线缆表面和绝缘层无损坏；标识无缺失，字迹清晰
			阻值测量	阻值和偏差量为 $120\times(1\pm2\%)\ \Omega$
15	事件记录仪	总成	清洁并目视检查外观	清洁度达到Ⅳ级；无损伤，接线牢固；数据记录无异常
16	司控器	总成	检查司控器	铭牌及标识符号应齐全、完整、清晰、正确
			检查司控器触头	触点状态良好
			检查电气接线及紧固件	无松动，无破皮，无损坏
			检查、润滑钢丝绳、活动部件、齿轮啮合面	钢丝绳无断股、卡滞
			检查方向手柄、牵引手柄	方向手柄、牵引手柄定位功能正常，动作顺畅、无卡滞
			更新司控器锁芯	锁芯转动灵活，无卡滞
			更新滚轮弹片、阻尼弹片	安装正确、牢固
			更新司控器所有速动开关，检查功能逻辑	安装正确、牢固，功能正常；接触电阻小于 $0.5\ \Omega$
			司控器性能测试	手柄、警惕按钮、联锁功能及状态正常，手柄各挡位动作顺畅、无卡滞，功能逻辑符合要求，电位器输出电压值符合标准

4.5.11 主电路系统

主电路系统检修内容及技术要求见表 4.13。

表 4.13 主电路系统检修内容及技术要求

序号	分类	项目	检修内容	技术要求
一、熔断器箱				
1	熔断器箱	总成	清洁箱体并检查箱体密封条	清洁度达到Ⅳ级；橡胶条如果永久变形达到 3 mm 或以上，则需要更换
			目视检查盖板及紧固件	无错位，防松标记可见
			更新高压电缆格兰头	格兰头安装紧固无松动
			目视检查铭牌	无缺失，无脱落，字迹清晰
			检查箱体外观	无腐蚀、变形或其他损坏，必要时进行维修
			检查箱体安装座	安装座无裂纹或损坏，必要时进行维修
			检查箱体铆钉	无缺失，无脱落
			检查熔断器、母排等元器件及螺栓紧固情况	熔断器、母排、触头无烧灼、开裂、松动；螺栓紧固无松动
			检查箱体外部接地螺栓，电缆接头锁紧情况	无缺失，无脱落，防松标记清晰，安装紧固
			密封性试验	符合 IP66 的防护等级（猛烈喷水，向外壳各方向强烈喷水无有害影响，水流量为 100 L/min，试验时间为 3 min）
二、高压电缆				
1	高压电缆	总成	目视检查电缆外观	绝缘层无破损
			功能检查	列车受电弓正常运作，无异常
三、受电弓				
1	总成	紧固件	更新所有拆卸过的紧固件	安装紧固无松动，防松标记无错位
		自动降弓系统 ADD	清洁检查快排阀、ADD 试验阀	阀体无积灰，安全可靠
		探伤	对焊缝进行探伤	检查弓头羊角连接部位、托架连接组件、弓头连接组件及弓头所有焊缝；检查底架焊缝，包括下臂杆与阻尼器、钢丝绳连接板处焊缝、上下臂焊缝；检查上拉杆、下导杆焊缝
		清洁	清洗拆下的所有不更换的零部件	清洁度达到Ⅴ级

续上表

序号	分类	项目	检修内容	技术要求
2	底架	总成	检查底架外观及各主要装配尺寸	底架外观完好，无裂纹，无变形
		橡胶止挡	更新橡胶止挡	紧固良好
3	气囊组成	升弓装置气囊	更新升弓装置气囊	气囊表面无龟裂、变形，内部无磨损等缺陷
		升弓钢丝绳	更新、润滑升弓钢丝绳	安装正确、牢固
4	升弓装置	总成	检查升弓装置组装	安装正确、牢固，功能正常，扇形调整板无变形、损坏
5	下臂杆组成	下臂杆	检查下臂杆外观及各主要装配尺寸	外观完好，焊缝无裂纹，无变形
		轴承及唇形密封圈	更换轴承及唇形密封圈	转动灵活、无卡滞，密封良好
6	平衡杆组成	总成	检查平衡杆	功能正常，铰链部位转动灵活；调整管灵活无卡滞
		轴套	更新平衡杆导杆轴套	安装正确，转动灵活，无卡滞
		绝缘套	更新平衡杆止挡杆绝缘套	安装正确，转动灵活，无卡滞
7	上框架组成	上框架	检查上框架外观	外观完好，无变形
		调整钢丝、U 形连接件	更新调整钢丝、U 形连接件	无裂纹，无变形，无拉脱
		绝缘套	更新绝缘套	安装牢固，转动灵活
8	拉杆	拉杆管	检查拉杆管	无裂纹，无变形
		拉杆轴承	更新拉杆轴承	轴承活动灵活，无卡滞，润滑脂涂抹均匀
9	弓头	碳滑板	检查碳滑板	(1)无裂纹，无破损； (2)最薄位置滑板条总厚度不小于 23 mm； (3)两根滑板条厚度差不超过 3 mm； (4)滑板条无宽度方向不超过 40%，长度方向不超过 100 mm 的崩边
		弓头悬挂装置	清洁检查弓头悬挂装置，更新弹簧盒	清洁度达到Ⅳ级；无变形、损坏，弓头悬挂高度不小于 96 mm

续上表

序号	分类	项目	检修内容	技术要求
9	弓头	弓头支撑组焊、U形架	弓头支撑组焊、U形架进行无损检测	无变形，无裂纹
		弓角	清洁、检查弓角	清洁度达到Ⅳ级；无破损，无变形，无裂纹
10	绝缘子	总成	清洁和外观检查	表面光洁，无油污和电弧灼伤痕迹，无面积大于25 mm^2 的缺口，无裂纹
			检测绝缘子	测绝缘电阻，绝缘子阻值大于500 MΩ(DC 2 500 V)
11	导流线	总成	更新所有的导流线	安装正确，连接牢固
12	绝缘软管	总成	更新所有绝缘软管及管接头	操作正确，功能正常
13	液压阻尼器	总成	更新液压阻尼器	无卡滞现象和漏油现象
14	升弓检测装置	压力开关	检查压力开关	安装正确，连接牢固
		电气件	清洁、检查电气接插件、继电器	清洁度达到Ⅳ级；接插件无松动，连接可靠；继电器功能正常，涉及更换见附录B
15	气阀箱	箱体	清洁箱体、检查箱体外观	密封良好，箱体无变形，无裂纹，无掉漆
		阀体	清洁检查气阀箱内的阀体	阀体清洁度达到Ⅳ级，精密减压阀工作压力在额定值500 kPa内；安全可靠
		空气过滤器	分解、清洁空气过滤器滤杯并清洗滤芯	清洁度达到Ⅳ级，杯体无裂纹，功能正常
		绝缘导气管及管接头	更换绝缘导气管及管接头	连接牢固，无泄漏
16	组装	各部件	组装受电弓，更新拆卸过的紧固件	安装正确、牢固
17	油漆	受电弓表面	对受电弓所有表面喷涂油漆的部件重新进行喷涂	颜色、厚度与原来一致

续上表

序号	分类	项目	检修内容	技术要求
18	调节和测试	受电弓总成	检查各紧固件状态	安装正确、牢固
			检查各转动部位的运转情况	轴承无卡滞现象，润滑良好
			检查各导流线	无断股，安装紧固到位，在受电弓升降弓运动过程中无干涉且不受拉力
			调整拉杆尺寸	落弓位置时上框架和下臂杆能够落在橡胶止挡上
			检查弓头自由度	弓头绕上框架转动灵活并有一定的旋转角度
			检查受电弓气囊充气	(1)气囊运动沿纵向运动无偏离中心现象； (2)气囊膨胀大小一致，运动时无异声
			调整静态压力曲线	标称静态压力曲线在整个工作范围内为(120±10) N，并提供检测报告
			调整弓头滑板条	(1)受电弓弓头在整个工作高度范围内趋于水平，并使受电弓弓头沿弓头转轴方向有一定的自由度； (2)受电弓弓头碳滑条的磨耗面用水平仪调整到同一平面上
			调整升降弓时间	(1)升弓时间不大于 8 s，无有害冲击； (2)降弓时间不大于 7 s，无有害冲击； (3)动作灵活，无卡滞，升降平稳，弓头保持水平状态
			调节、测量最大升弓高度、最小工作高度	最大升弓高度不小于 2 860 mm，最低工作高度不大于 80 mm(从受电弓静躺位置滑板面起)
			检查受电弓电气间隙	不小于 32 mm
			检查气囊气密性	充入 0.8 MPa 压力的气体，保压 10 min，压降不超过初始值的 5%
19	受电弓附属部件	受电弓脚踏泵	清洁、检查受电弓脚踏泵，更新软管、密封件、拆卸过的紧固件和活塞	清洁度达到Ⅳ级，各零部件安装牢固、无损坏，气密性良好、无泄漏
		升弓电磁阀	更新升弓电磁阀	安装正确，功能正常

续上表

序号	分类	项目	检修内容	技术要求
四、高压箱				
1	箱体	清洁检查	清洁、检查高压箱内外部	(1)内部清洁度达到Ⅳ级，外部清洁度达到Ⅴ级； (2)外部无腐蚀、变形或其他损坏； (3)安装吊耳无开裂或损坏； (4)焊缝无裂纹； (5)箱体内部无积水痕迹
		箱体密封	检查高压箱盖板锁、铰接组件及密封件	箱盖密封良好，锁舌、锁扣板安装牢固，功能正常，箱盖铰接组件无裂纹，密封件无破损、无严重变形
			更新密封海绵	更新后密封良好
			更新高速断路器减振垫圈	更新后垫圈平整无凸起
2	箱体内部器件	箱体	检查高压箱内外部连接器及其紧固件、电缆密封接头	连接器无松动、缩针、镀层氧化或脱落，无变形，密封良好，紧固件安装牢固，电缆密封接头密封良好
			检查高压箱内部电缆、母排、端子、绝缘子、绝缘板	电缆、母排、端子无变色、开裂、剥落、松动，绝缘子及绝缘板无裂纹及老化
		充电电阻、线绕电阻(限流)、线绕电阻(RC电阻)	清洁、检查充电电阻、线绕电阻、RC电阻	清洁度达到Ⅳ级，连接线牢固，外表无变色、开裂、剥落，安装牢固，充电电阻值为150×(1±5%) Ω，线绕电阻(限流)阻值为250×(1±5%) Ω，线绕电阻(RC电阻)阻值为36×(1±5%) Ω
		二极管VD1	清洁、检查二极管VD1	清洁度达到Ⅳ级，连接线牢固，外表无变色、开裂，安装牢固，工作特性正确
		滤波电容器C	清洁、检查、测量滤波电容器C	清洁度达到Ⅳ级，连接线牢固，外表无变色、开裂，安装牢固，电容值为1×(1±10%) μF
		电流传感器、电压传感器	清洁、检查电流传感器、电压传感器	清洁度达到Ⅳ级，外观良好，连接器无松动、变形、腐蚀、缩针、镀层氧化或脱落，母排无损坏、闪灼、松动
		库用电源插座	清洁、检查库用电源插座	清洁等级Ⅳ级，触点状态良好、无损坏，插座盖子检测回路接触电阻不大于0.5 Ω

续上表

序号	分类	项目	检修内容	技术要求
2	箱体内部器件	接触器	清洁、检查高压箱内短接接触器、充电接触器	(1)外表清洁等级Ⅳ级,主、辅触点状态良好,动作无卡滞,灭弧罩无损坏,接线牢固无松动。 (2)清洁检查主触点、辅助触点无烧损、结瘤、明显氧化,接触良好,动作无卡滞,短接接触器主、辅助触点接触电阻不大于 0.5 Ω,短接接触器线圈电阻为 317.3～360.72 Ω,短接接触器吸合电压不大于 77 V,释放电压不小于 13.8 V,测试短接接触器吸合时间不大于 400 ms、释放时间不大于 100 ms,充电接触器主、辅助触点接触电阻不大于 0.5 Ω,充电接触器线圈电阻为 864.5～982.8 Ω,充电接触器吸合电压不大于 77 V,释放电压不小于 13.8 V,测试充电接触器吸合时间不大于 120 ms,释放时间不大于 60 ms。 (3)接触器功能正常,涉及更换见附录 B
		高速断路器	清洁、检查高速断路器	(1)外表清洁等级Ⅳ级,主、辅触点状态良好,无烧损、氧化,触点接触电阻不大于 0.5 Ω,动作无卡滞; (2)灭弧罩无损坏、裂纹、灼伤,接线牢固无松动,无烧灼; (3)测量线圈的电阻值为 14.45×(1±8%) Ω (20 ℃),测试高速断路器绝缘值大于 20 MΩ (2 500 V 兆欧表)
		三位置转换开关	清洁、检查三位置转换开关	动作顺畅,无烧损、放电痕迹,连接线牢固
五、避雷器				
1	避雷器	总成	清洁、检查、测试避雷器	清洁度达到Ⅳ级,无裂纹,无破损,无过载痕迹,对地无短路;直流 1 000 V 下,绝缘电阻大于 50 MΩ;避雷器通以 1 mA 直流电流,参考电压不应小于 2.6 kV;同时,在 0.75 倍直流 1 mA 对应的参考电压下,泄漏电流小于 50 μA

4.5.12 照明系统

照明系统检修内容及技术要求见表 4.14。

表 4.14 照明系统检修内容及技术要求

序号	分类	项目	检修内容	技术要求
1	照明设备	整流器	清洁并目视检查整流器外观	清洁度达到Ⅳ级；无损伤；接线牢固；线缆表面和绝缘层无损坏；标识无缺失，字迹清晰
		客室 LED 照明	清洁并目视检查外观	清洁度达到Ⅳ级；无损伤；接线牢固；线缆表面和绝缘层无损坏；标识无缺失，字迹清晰
			功能检查	能正常亮起，无变色、闪烁或不亮
		司机室顶部照明	清洁并目视检查外观	清洁度达到Ⅳ级；无损伤；接线牢固；线缆表面和绝缘层无损坏；标识无缺失，字迹清晰
			功能检查	能正常亮起，无变色、闪烁或不亮
		司机室阅读灯	清洁并目视检查外观	清洁度达到Ⅳ级；无损伤；接线牢固；线缆表面和绝缘层无损坏；标识无缺失，字迹清晰
			功能检查	能正常亮起，无变色、闪烁或不亮
		贯通道筒灯	清洁并目视检查外观	清洁度达到Ⅳ级；无损伤；接线牢固；线缆表面和绝缘层无损坏；标识无缺失，字迹清晰
			功能检查	能正常亮起，无变色、闪烁或不亮
		设备柜灯	清洁并目视检查外观	清洁度达到Ⅳ级；无损伤；接线牢固；线缆表面和绝缘层无损坏；标识无缺失，字迹清晰
			功能检查	能正常亮起，无变色、闪烁或不亮
		运行灯	清洁并目视检查外观	清洁度达到Ⅳ级；无损伤；接线牢固；线缆表面和绝缘层无损坏；标识无缺失，字迹清晰
			功能检查	能正常亮起，无变色、闪烁或不亮
		感光器	清洁并目视检查外观	清洁度达到Ⅳ级；无损伤；接线牢固；线缆表面和绝缘层无损坏；标识无缺失，字迹清晰
			功能检查	感应功能、亮度调节功能正常
		自动照明控制盒	清洁并目视检查外观	清洁度达到Ⅳ级；无损伤；接线牢固；线缆表面和绝缘层无损坏；标识无缺失，字迹清晰
			功能检查	功能正常
			时间校对	与北京时间误差不超过 1 min
		照明驱动模块	清洁并目视检查外观	清洁度达到Ⅳ级；无损伤；接线牢固；线缆表面和绝缘层无损坏；标识无缺失，字迹清晰
			功能检查	功能正常
		灯盖板	清洁并目视检查外观	清洁度达到Ⅳ级；无损伤

续上表

序号	分类	项目	检修内容	技术要求
2	头灯、尾灯	总成	清洁并目视检查外观	清洁度达到Ⅳ级；无损伤；接线牢固；线缆表面和绝缘层无损坏；标识无缺失，字迹清晰
			功能检查	能正常亮起，无变色、闪烁或不亮
		灯罩	清洁并目视检查灯罩	清洁度达到Ⅳ级；表面无破损、变色、集中性划痕，不严重影响头尾灯照度，严重则须更换

4.5.13 乘客信息系统

乘客信息系统检修内容及技术要求见表 4.15。

表 4.15 乘客信息系统检修内容及技术要求

序号	分类	项目	检修内容	技术要求
1	广播系统	司机室广播控制盒	清洁电气连接插头、板卡	清洁度达到Ⅳ级
			检查外观、接线连接、接线号码管、接口插针	外观无损伤、接线无松动，接线号码管无缺失，接口插针无缩针
		乘客紧急对讲器	清洁乘客紧急对讲器	清洁度达到Ⅳ级
			检查乘客紧急对讲器外观无损伤，检查接线及接插件	外观无损伤、接线牢固无松动，按钮护盖须保证完好
		司机室话筒	清洁话筒	目视无积灰
			检查司机室话筒外观、连接器、检查话筒功能	话筒外观完好，无损坏，连接器无松动
		客室扬声器	清洁客室扬声器	清洁度达到Ⅳ级
			检查外观、接线连接、接线号码管、接口插针	接线无破损、无松动，接线号码管无缺失、无松动、无烧灼，线号无丢失；插针无发黑、缩针现象
		司机室扬声器	清洁司机室扬声器	清洁度达到Ⅳ级
			检查外观、接线连接、接线号码管、接口插针	接线无破损、无松动，接线号码管无缺失、无松动、无烧灼，线号无丢失；插针无发黑、缩针现象
		噪声检测器	清洁噪声检测器	清洁度达到Ⅳ级
			检查接线、连接件	接线、连接件无松动，安装牢固，功能正常

续上表

序号	分类	项目	检修内容	技术要求
1	广播系统	测试	预录报站广播测试	报站广播声音清晰无杂音，自动广播报站信息正确；广播播报过程中对应的终点站显示屏、贯通道显示屏显示内容正确，字迹清晰完整；动态地图显示正常，起始站、终点站、下一站、开门侧等信息正确
			预录紧急广播测试	紧急广播对应内容正确，紧急广播播报时联动功能完好，对应的显示屏可显示正确的文字内容
			人工广播测试：使用司机室话筒对客室进行人工广播	声音清晰无杂音
			司机对讲测试	两端司机室对讲可正常呼叫、接听、挂断，对话声音清晰无杂音
			乘客紧急对讲测试	报警通话功能正常，司机室与客室通话声音清晰，指示灯正常
2	多媒体播放系统	多媒体控制主机	拆卸司机室、客室多媒体控制主机，检查外观并清洁	设备无损坏，清洁后内外部目测无积灰；控制设备 IP 地址标签外观完好
			重新安装设备，并检查接线	接口连接牢固，无松动
		贯通道、目的地 LED 显示屏	清洁显示屏	使用电器清洁液清洁屏幕，清洁度达到Ⅳ级
			检查外观、接线连接、螺栓连接、接口插针	外观无损伤，接线牢固无松动，螺栓连接无松动，接口插针无缩针
		动态地图显示屏	清洁动态地图显示屏	使用电器清洁液清洁屏幕，清洁度达到Ⅳ级
			检查外观、接线连接、螺栓连接、接口插针	外观无损伤，接线牢固无松动，螺栓连接无松动，接口插针无缩针
		多媒体 LCD 显示屏	清洁多媒体 LCD 屏	使用电器清洁液清洁屏幕，清洁度达到Ⅳ级
			检查外观、接线连接、螺栓连接、接口插针	外观无损伤，接线牢固无松动，螺栓连接无松动，接口插针无缩针
			功能检查	功能正常
		多媒体 LCD 显示屏控制器	检查外观并清洁	设备无损坏，清洁后内外部清洁度达到Ⅳ级

续上表

序号	分类	项目	检修内容	技术要求
3	视频监控系统	摄像机	清洁并检查司机室、客室摄像机外观、镜头	摄像机外观无损坏，接线牢固无松动；镜头表面无损坏，无积灰，无遮挡物，无粘贴物
		硬盘录像机	清洁并检测硬盘	清洁硬盘录像机外观清洁度达到Ⅳ级，功能检测无异常，状态良好
		接线	检查接线	接口连接牢固，无松动
		视频监控司机室触摸屏	拆卸视频监控司机室触摸屏，检查外观并清洁	设备无损坏，使用电器清洁液清洁屏幕，清洁后清洁度达到Ⅳ级
			检查线缆	接线牢固；线缆表面和绝缘层无损坏；标识无缺失，字迹清晰
			检查触摸屏背景灯	背光良好

4.5.14 辅助及低压供电系统

辅助及低压供电系统检修内容及技术要求见表 4.16。

表 4.16　辅助及低压供电系统检修内容及技术要求

序号	分类	项目	检修内容	技术要求
1	辅助电源箱	箱体	清洁、检查辅助电源箱内外部	在拆卸过程注意避免碰损部件
			检查辅助电源箱盖板锁、铰接组件及密封件	(1)内部清洁度达到Ⅳ级，外部清洁度达到Ⅴ级； (2)外部无腐蚀、变形或其他损坏； (3)安装吊耳无开裂或损坏； (4)焊缝无裂纹； (5)箱体内部无积水痕迹
			检查辅助电源箱外部连接器及其紧固件、电缆密封接头	(1)箱盖密封良好，锁舌、锁扣板安装牢固，功能正常； (2)箱盖铰接组件无裂纹； (3)更新密封件
		电缆、母排、端子、绝缘子、绝缘板	检查辅助电源箱内部电缆、母排、端子、绝缘子、绝缘板	(1)电缆、母排、端子等部件未出现变色、开裂、剥落、松动现象； (2)绝缘子、绝缘板无裂纹及劣化
		熔断器 F1	清洁、检查熔断器 F1	表面清洁度达到Ⅳ级

续上表

序号	分类	项目	检修内容	技术要求
1	辅助电源箱	进风口滤网	清洁、检查进风口滤网	清洁等级Ⅳ级,无损伤、无变形
		接触器	清洁、检查充电接触器及短接接触器	外表清洁等级Ⅳ级,主、辅触点状态良好,无烧灼,动作无卡滞,测试充电接触器主触点接触电阻不大于10 MΩ,辅助触点接触电阻不大于100 MΩ,短接接触器主触点接触电阻不大于100 μΩ,辅助触点接触电阻不大于200 MΩ;灭弧室无机械损坏或金属粉末沉积,接线牢固无松动
			组装充电接触器、短接接触器	充电接触器吸合电压不大于77 V,释放电压为5.5~24.2 V,吸合时间不大于160 ms,释放时间不大于60 ms,线圈电阻值为864.5~982.8 V;短接接触器吸合电压不大于77 V,释放电压不小于15 V,吸合时间不大于480 ms,释放时间不大于100 ms,线圈电阻值为275.5~304.5 V
			接触器功能检查	功能正常,涉及更新见附录B
		充放电电阻	清洁、检查充电电阻、放电电阻	清洁度达到Ⅳ级,连接线牢固,外表无变色、开裂、剥落,安装牢固;充电电阻阻值230×(1±5%) Ω,放电电阻阻值10×(1±5%) kΩ
		冷却风机	更新辅逆冷却风机轴承	安装正确
			清洁、测量、检查冷却风机	(1)无积灰,无积垢,无油污;无裂纹,无破损,三相电阻平衡,不平衡度不大于2%; (2)更新下部静音海绵条; (3)电机空转测试:三相电流的偏差不大于10%,振动值测试,无明显异声,振动值不大于2.8 mm/s; (4)500 V兆欧表下绝缘电阻大于10 MΩ
		变压器、电抗器	清洁、检查变压器、电抗器,测量绝缘电阻	清洁等级Ⅴ级,连接线牢固,绝缘无变色、损坏、烧损、放电痕迹;绝缘电阻不小于20 MΩ (DC 500 V)
		交流输出滤波电容器	清洁、检查、测量交流输出滤波电容器	清洁度达到Ⅳ级,连接线牢固,无变色、开裂、变形、漏液,安装牢固,两端子之间电容值330×(1±5%) μF
		隔离开关AQS	检查隔离开关AQS	动作顺畅,无烧损、放电痕迹,连接线牢固;隔离开关主、辅触点无开路、短路,主触点接触电阻不大于100 μΩ

续上表

序号	分类	项目	检修内容	技术要求
1	辅助电源箱	电压、电流传感器、采样板	检查电压、电流传感器、采样板	外观无损坏、劣化；接线无闪灼痕迹，无松动
1	辅助电源箱	应急启动电源、EMI滤波器	清洁、检查应急启动电源、EMI滤波器	清洁度达到Ⅳ级，连接线牢固，无变色、开裂、变形，安装牢固
2	辅助逆变器模块	外观	清洁、检查逆变器	清洁度达到Ⅳ级，散热器护罩无破损、严重变形，驱动板无变形、破损，接线无松动，紧固螺栓均紧固无松动
2	辅助逆变器模块	逆变器模块支撑电容器	检查、测量逆变器模块支撑电容器	无变形、漏液，损坏电容值 $4\ 300\times(1\pm10\%)\ \mu F$
2	辅助逆变器模块	逆变器模块IGBT元件	检查逆变器模块IGBT元件	无贯穿性裂纹或放电痕迹
2	辅助逆变器模块	线缆插头	检查逆变器模块外部线缆插头	连接器插针无松动、缩针、镀层氧化或脱落；连接器外观无变形、腐蚀；安装牢固
3	辅助控制单元	外观	清洁、检查控制单元外表面	清洁度达到Ⅲ级，表面无损坏
3	辅助控制单元	各连接器	检查紧固各连接器	无松动、变形、腐蚀、缩针、镀层氧化或脱落
4	充电机模块	外观	清洁、检查充电机模块	清洁度达到Ⅳ级，散热器护罩无破损、严重变形
4	充电机模块	逆变器模块	检查逆变器模块	(1)清洁度达到Ⅳ级，电缆无损坏、劣化，紧固无松动； (2)母排外观无损坏、变形，无放电迹象； (3)连接器插针无松动、缩针、镀层氧化或脱落；连接器外观无变形、腐蚀；安装牢固； (4)绝缘子及绝缘板无裂纹及劣化
5	扩展供电箱	箱体	清洁、检查扩展供电箱内外部	(1)内部清洁度达到Ⅳ级，外部清洁度达到Ⅴ级；外部无腐蚀、变形或其他损坏；安装吊耳无开裂或损坏； (2)焊缝无裂纹；箱体内部无积水痕迹
5	扩展供电箱	箱体	测试中间继电器、检测继电器、交流接触器KMK功能，检查KMK辅助触点	功能正常；辅助触点无短路、开路，接触电阻小于0.5 Ω；涉及更新见附录B

续上表

序号	分类	项目	检修内容	技术要求
5	扩展供电箱	箱体	检查扩展供电箱盖板锁、铰接组件及密封件	箱盖密封良好，锁舌、锁扣板安装牢固，功能正常；箱盖铰接组件无裂纹；密封件无破损、无严重变形
			检查扩展供电箱内外部连接器及其紧固件、电缆密封接头	连接器无松动、缩针、镀层氧化或脱落，无变形，密封良好；紧固件安装牢固；电缆密封接头密封良好
		电缆、母排、端子及绝缘子、绝缘板	检查扩展供电箱部电缆、母排、端子及绝缘子、绝缘板	(1)电缆、母排、端子等部件未出现变色、开裂、剥落、松动现象； (2)绝缘子、绝缘板无裂纹及劣化
		继电器	清洁、检查箱体内继电器	继电器外观无破损、变色、异物，接线无松、断、虚接情况；继电器功能正常，涉及更新见附录 B
		接触器	清洁、检查接触器	(1)灭弧室内部清洁达Ⅳ级； (2)检查接触器无破损、变色；涉及更新见附录 B； (3)检查主触头的开距小于 14 mm； (4)检查触头磨损量，若尺寸小于 50%时可使用，但需提高检测频次，至 0 时必须更新； (5)测量主触头接触电阻值需不大于 0.3 MΩ； (6)使用短接线短接电路，组成 AC 380 V 电路(A)，DC 110 V 电路(B)，测量 A 对 B、A 对地、B 对地绝缘电阻；DC 500 V 兆欧表测量 A 对 B 对地绝缘电阻需不小于 10 MΩ，DC 500 V 兆欧表测量 A 对地绝缘电阻需不小于 10 MΩ，DC 500 V 兆欧表测量 B 对地绝缘电阻需不小于 10 MΩ
6	蓄电池	箱体	清洁蓄电池箱内外部，深度清洁电池模块	外部清洁度达到Ⅴ级，内部清洁度达到Ⅳ级，电池模块清洁度Ⅲ级
			检查盖板密封条	密封条状态良好，无破损
		蓄电池	清洁检查蓄电池单体	清洁度达到Ⅲ级，无变形、破裂、漏液
			测量蓄电池单节和整组浮动电压	单节电压＝整组电压/84×(1±10%)，整组电压＝车载充电设备的输出电压
			清洁、检查蓄电池温度传感器	清洁度达到Ⅲ级，外观良好，无短路、开路
			清洁、检查熔断器	表面清洁度达到Ⅳ级

续上表

序号	分类	项目	检修内容	技术要求
6	蓄电池	蓄电池	容量测试	容量达到标准(电池组以 26 A 恒流放电进行容量测试并达到标准,时间应不小于 4 h)
			检查蓄电池连接橡胶管及接头	安装紧固无松动
			检查电池单体间连接件	涂润滑油,无破损,完好
			绝缘测试	正负接线端子对地绝缘电阻不小于 100 kΩ(DC 500 V)
			蓄电池充放电试验	恒流(26 A)进行两充两放,充电时间 8 h,第二次放电结束后,放电时间需不小于 4 h
			蓄电池加液(蒸馏水)	确认所有的液压接头干净,防止污染电解液。确认中央注水系统的所有管道连接的紧密性。若未使用自动注水站进行注水,连接蒸馏水箱和液压接头,将蒸馏水箱置于注水管路入口上方 1.5 m 处,再连接容器和注水管路的无塞接头。若使用自动注水站进行注水,将注水站软管连接至液压接头,并且将回水软管连接至注水管路的无塞接头。在注水管路出口处,测量的水量不小于 1 L 时,注水完成。当使用自动注水站时,注水操作自动停止。记下注入电池的总水量,以便调整注水频率
			复核蓄电池模块上的紧固件扭力	扭力正确,范围为(10±2) N·m
7	低压箱	总成	手动检查箱体内各电气元部件及各接线	(1)电阻安装正位,电阻表面无损伤无灼烧、接线无松动;低压箱后部与箱体固定端连接器相对应的活动端连接器连接牢固; (2)熔断器、接触器位置正常,接触器、熔断器触点无灼烧;接触器涉及更换见附录 B; (3)断路器触点无灼烧,螺栓防松线清晰,断路器无跳闸; (4)端子排端子无松动
			清洁、检查盖板密封胶条	橡胶状态良好
			清洁接地电阻和绝缘子,测量电阻值	清洁度达到Ⅳ级,低压箱接地电阻电阻值为 820×(1±5%) Ω,蓄电池接地电阻电阻值为 8.2×(1±5%) Ω
			检查二极管	使用万用表分别接二极管的两端,两次结果相差很大,说明二极管单向导电性能良好

4.5.15 火灾报警系统

火灾报警系统检修内容及技术要求见表4.17。

表4.17 火灾报警系统检修内容及技术要求

序号	项目	检修内容	技术要求
1	探测器	清洁并目视检查外观	无积灰，无损坏；接线牢固；线缆表面和绝缘层无损坏；标识无缺失，字迹清晰
		返厂送检	功能正常，无法修复则更换
		功能测试	检查探测器功能正常，控制盒对应显示正常，监控屏能够联动显示火警位置监控图像
2	控制器	清洁并目视检查外观	无积灰，无损坏；接线牢固；线缆表面和绝缘层无损坏；标识无缺失，字迹清晰

4.6 电客车组装

电客车组装内容及技术要求见表4.18。

表4.18 电客车组装内容及技术要求

序号	项目	内容	技术要求
1	车体设备安装	安装司机控制器	安装正确、牢固
		安装全自动车钩、半永久牵引杆，更新紧固件	安装正确、牢固
		安装制动电阻箱，更新紧固件	安装正确、牢固
		安装空压机、空气干燥器、高度阀等供风制动系统部件	安装正确、牢固
		安装受电弓，更新紧固件	安装正确、牢固
		安装空调机组及其附属部件，更新紧固件	安装正确、牢固
2	车体四点称重	对单节车进行四点称重及加垫	同一端右侧和左侧质量偏差不大于2%，调整垫片不大于3 mm，同一空簧调整垫片数量不大于2个

续上表

序号	项目	内容	技术要求
3	转向架安装	安装转向架,连接转向架与车体(横向减振器、垂向减振器、抗侧滚扭杆连杆、高度阀连杆、空簧、牵引中心销、风管、牵引电机电缆、接地电缆、WSP速度传感器电缆),更新紧固件	安装正确,连接可靠,管路、电缆连接正确,扭力符合要求,防松标记清晰
4	单车气密性试验	单车气密性试验	单车充气至(900±20) kPa后切断气源开始计时,15 min后再次对气压进行测量比对,泄漏量应满足15 min不大于15 kPa
5	车辆八点称重	空簧压力测量	记录压力值,同一个转向架两个空簧压力差不大于40 kPa
		地板面高度	轨面距地板高度为(1 100±10) mm
		空簧面高度	(1)空簧面高度为(865±2) mm; (2)同一个转向架两个空簧面高度差不大于3 mm
		空簧充气高度	空簧充气高度为265^{+7}_{-2} mm,两侧高度差不大于3 mm
		防过冲止挡间隙	保证防过冲止挡间隙在26~33 mm范围之内
		横向止挡间隙	保证横向止挡间隙为(15±3) mm
		轮重测量	(1)轮对的每个车轮实际轮重与该轮对两车轮平均轮重之差不大于4%; (2)任一侧各车轮实际轮重与在两侧测得的轮重平均值之差不大于4%;
		轴重测量	(1)动车轴上所得轴重与该车各轴平均轴重之差不大于2%; (2)拖车轴上所得轴重与该车各轴平均轴重之差不大于7%
6	联挂	车钩联挂	机械、气路连接牢固、可靠、无泄漏
		贯通道联挂	连接牢固、可靠
		跨接电缆连接	连接牢固、可靠
7	限界试验	整车通过限界检测	使用工程车推行电客车通过限界门进行限界试验,车辆与限界门无干涉
8	淋雨试验	整车进行水密性测试	调节淋雨机上压力表的水压至0.2 MPa,开启淋雨机喷淋15 min;检查车身开孔、门窗、盖板、缝隙、挡风玻璃、刮雨器、司机室扶手等可能渗水的部位不得有积水;淋雨试验水压不小于0.2 MPa

5 调　　试

5.1 调试说明

5.1.1 工具需求

时速 120 km B 型车调试所需工具见表 5.1。

表 5.1 时速 120 km B 型车调试所需工具

序　号	工具名称	数　量	备　　注
1	对讲机	4	—
2	万用表	2	—
3	气压表(0～12) bar	2	注意检查校验期
4	短接线	4	做好防护措施
5	拉力计	1	—
6	多用防夹棒	4	—
7	白纸	4	用于轮缘润滑试验
8	四角钥匙	2	—
9	螺丝批、棘轮、内六角	2	备用
10	接地棒	2	用于受电弓试验
11	止轮器	4	—
12	红外点温仪	1	—
13	相序表	1	—
14	秒表	2	—
15	关门力测试仪	1	—
16	热风机	1	—
17	卷尺	1	—
18	钢尺	1	—
19	声级计	—	—

5.1.2 人员配置

调试人员配置见表 5.2。

表 5.2 调试人员配置

序 号	位 置	数 量	备 注
1	MC1 司机室	1	熟练操作人员兼安全员
2	MC2 司机室	1	熟练操作人员
3	MP1 车	1	负责车内操作
4	MP2 车	1	负责车内操作

5.1.3 安全责任

(1)安全员应对车辆及试验人员的安全负责;

(2)所有操作人员必须遵守试验场地的安全作业操作规定;

(3)所有操作人员必须提高警惕,听从指挥,禁止违规操作。

5.2 车门尺寸检查

动调后对车门进行尺寸检查。

5.3 外观尺寸检查

对车辆外观尺寸进行检查,并把数据填写到附录 E 中。

5.4 静态调试试验

5.4.1 设备检查

1. 初始条件

(1)列车休眠;

(2)所有车门关闭并锁好,均未解锁或切除。

2. 试验程序

静态调试试验程序见表 5.3。

表 5.3 静态调试试验程序

项目	操 作	确 认	MC1	MP1	MP2	MC2
准备	(1)MC1、MC2 钥匙在[OFF]位,不升弓,无车间电源接入	—				
	(2)触网无高压;关好所有车门	—				

续上表

项目	操　作	确　认	MC1	MP1	MP2	MC2
设备准备	(3)在 MC1 车按下列车激活开关 TAS	列车唤醒，两 MC 车列车唤醒继电器 WUDYR 得电				
	(4)MC1 车钥匙 KS 置[ON]	列车激活；司控台门关好指示灯 DCLI 绿灯亮、制动施加 ABAI 红灯亮、停放制动缓解按钮 PBPB 绿灯亮、气压表背景灯亮、电压表背景灯亮，速度表、里程计灯亮				
	(5)按下灯测试按钮 TLPB 并保持，确认后松开	按下时司控台上左侧关门红色灯 DCPB1_L、DCPB2_L 亮松开灭，右侧关门红色灯 DCPB1_R、DCPB2_R 亮松开灭，停放制动按钮 PBPB 红灯绿灯一起亮松开灭，所有制动缓解 ABRI 绿灯亮，所有制动施加 ABAI 红灯亮，门关好指示灯 DCL1 绿灯亮，左侧开门指示灯 DOPB1_L 绿灯亮，左侧开门指示灯 DOPB2_L 绿灯亮，右侧开门指示灯 DOPB1_R 绿灯亮，右侧开门指示灯 DOPB2_R 绿灯亮，解钩按钮 UNPB 白灯亮，紧急启动按钮 ESPB 白灯亮				
	(6)解锁客室任一车门	司控台上左侧(右侧)关门红色灯亮，门关好指示灯 DCLI 绿灯灭				
	(7)按下灯测试按钮 TLPB 并保持，确认后松开，然后恢复解锁的门	按下时门关好指示灯 DCLI 绿灯亮				
	(8)按下停放制动按钮 PBPB	停放制动施加；司控台上停放制动按钮 PBPB 红灯亮，停放制动按钮 PBPB 绿灯灭				
	(9)再次按下停放制动按钮 PBPB	停放制动缓解；司控台上停放制动按钮 PBPB 红灯灭，停放制动按钮 PBPB 绿灯亮				
	(10)将 MC1 车紧急牵引旋钮 EMTS 置[紧急牵引]，方向手柄置向前，将主控手柄拉到快速制动位后，再推到牵引	制动缓解；司控台上制动施加 ABAI 红灯灭，制动缓解 ABRI 绿灯亮				
	(11)按下等灯测试按钮 TLPB 确认后松开	按下时制动施加 ABAI 红灯亮松开后灭				
	(12)方向手柄恢复 0 位，紧急牵引旋钮 EMTS 置[0]	—				

续上表

项目	操作	确认	MC1	MP1	MP2	MC2
司机室选择	(13)MC1车钥匙开关KS置[ON]	MC1车钥匙继电器KSR、司机室激活继电器COR得电，MC1车激活；MC2车钥匙互锁继电器KSLR得电				
	(14)钥匙开关KS置[OFF]	MC1车钥匙继电器KSR、司机室激活继电器COR失电；MC2车钥匙互锁继电器KSLR失电				
	(15)将TB04CREC/H14上线号BA1052电缆拔出，MC1车钥匙KS置[ON]	司机室不激活				
	(16)将紧急牵引旋钮EMTS置[紧急牵引]	司机室激活				
	(17)将紧急牵引旋钮EMTS置[0]	司机室不激活				
	(18)恢复上述拔出的电缆	—				
	(19)列车激活开关TAS置睡眠位	两MC车睡眠继电器SLR得电，1 min后列车休眠				
	(20)列车激活开关TAS置唤醒位	列车唤醒；静置45 min后睡眠控制延时继电器SLDYR得电，1 min后列车休眠				
换端操作	(21)在MC2车上重复(3)～(20)步骤，其中MC1和MC2互换	结果一样				

注：表中阴影部分代表该车辆不存在当前测试项点。

5.4.2 受电弓动作

1. 初始条件

(1)股道隔离开关断开，接触网无高压电，接地棒或可视化设备接地；

(2)受电弓未升起，已进行过受电弓登顶检查；

(3)列车休眠；

(4)所有车门关闭并锁好，均未解锁或切除。

(5)列车主风管气压不低于900 kPa。

2. 试验程序

受电弓动作试验程序见表5.4。

表 5.4　受电弓动作试验程序

项目	操　作	确　认	MC1	MP1	MP2	MC2
准备	(1)列车休眠，MP1、MP2 车接地开关都在[受电弓]位	受电弓未升起				
脚踏升弓	(2)隔离总风隔离塞门，打开 MP2 车辅助风缸排水塞门直至空气排尽，恢复排水阀；在 MP1 车将脚踏泵平放在地板上，打开脚踏泵升弓气路上“1”阀、“2”阀，立即脚踩升弓，至气压表压力 5.0 bar 时观察受电弓状态，继续踩踏，直至气压表压力无法上升，关闭脚踏泵升弓气路上“1”阀、“2”阀，停止踩踏，观察 MP1 车受电弓动作	MP1 车受电弓升起				
	(3)将脚踏泵踩到折叠位并锁紧，放回脚踏泵，恢复总风隔离塞门	—				
辅助空压机启停及升降弓	(4)将列车唤醒，在 MC1 端激活	—				
	(5)在 MP2 车隔离总风隔离塞门，打开辅助风缸排水塞门直至空气排尽，恢复辅助风缸排水塞门；使用压力表接入辅助风缸压力测试接口	—				
	(6)按下辅助压缩机启动按钮 ACMSB，启动辅助空压机，直至辅助空压机自动停止	确认辅助压缩机自动停止压力为(8.5±0.2) bar				
	(7)长按 ACMSB，打开辅助风缸排水塞门缓慢排气，直至辅助空压机自动启动，松开 ACMSB，恢复辅助风缸排水塞门	确认辅助压缩机自动启动压力为(7±0.2) bar				
	(8)长按 ACMSB，打开辅助风缸排水塞门快速排气，辅助空压机自动启动	确认 4 min 后辅助压缩机继电器 ACMR 得电，空压机自动停止				
	(9)松开 ACMSB、恢复辅助风缸排水塞门	—				
	(10)MC1 车受电弓使能旁动开关 PEBS 置[正常]位，在 MC1 车将受电弓模式选择开关 PMCS 置[升前弓]位，按下 RPPB	MP1、MP2 车受电弓使能继电器 PANEBR 得电，MP1 车受电弓升起，MP1 车降弓继电器 LPTR 失电，升弓继电器 RPTR 得电，升弓时间不大于 8 s				

续上表

项目	操　　作	确　　认	MC1	MP1	MP2	MC2
辅助空压机启停及升降弓	(11)在MC1车将受电弓模式选择开关PMCS置[升后弓]位,按下升弓按钮RPPB	MP2车受电弓升起,MP2车LPTR失电,RPTR得电,升弓时间不大于8 s;MP1受电弓降下,MP1车RPTR失电,LPTR得电,延时1 s,受电弓降下,降弓时间不大于7 s				
	(12)在MC1车按下降弓按钮LPPB	MP2受电弓降下,MP2车RPTR失电,LPTR得电,延时1 s,受电弓降下,降弓时间不大于7 s				
	(13)在MC1车将受电弓模式选择开关PMCS置[升双弓]位,按下RPPB	MP1、MP2车受电弓升起,MP1、MP2车RPTR得电				
	(14)按下紧急制动按钮EMPB	MP1、MP2 LPTR得电				
	(15)拔起EMPB	MP1、MP2 LPTR失电				
受电弓使能	(16)将TB04CREC/Q03上线号B30电缆拔出,将PEBS置[旁路],将受电弓控制开关PMCS置[升双弓]位,按下RPPB	MP1、MP2车受电弓升起				
	(17)恢复拔出的电缆,将PEBS置[正常]	—				
	(18)将MP1、MP2车接地开关打到[车间电源]位	MP1、MP2车PANEBR失电,车间电源使能继电器WOSEBR得电,两受电弓降下				
	(19)将MP1、MP2车接地开关打到[受电弓]位,按下RPPB	MP1车WOSEBR失电,PANEBR得电,MP1、MP2车受电弓升起				
换头	(20)换端在MC2车上重复步骤(10)～(19),其中MC1和MC2互换,MP1和MP2互换	结果一样				
静接触力测定	(21)司机台操作升弓,待升弓到位,登车顶,使用弹簧拉力计钩住弓头,竖直向下拉动受电弓,缓慢脱离接触网,读取并记录拉力值即受电弓静接触力(备注:登顶需正确穿戴劳保用品、系安全绳)	标准值:(120±10) N; 记录测定值:MP1,MP2。				
结束	(22)下车顶,休眠列车	结束				

注:表中阴影部分代表该车辆不存在当前测试项点。

5.4.3 刮雨器—电笛—除霜器试验

1. 初始条件

(1)列车休眠;

(2)所有车门关闭并锁好,均未解锁或切除。

2. 试验程序

刮雨器—电笛—除霜器试验程序见表 5.5。

表 5.5 刮雨器—电笛—除霜器试验程序

项目	操作	确认	MC1	MP1	MP2	MC2
准备	(1)给两 MC 车刮雨器水箱加水,并检查水管连接处不漏水	目测水位监测器上透明管中的水位上升,当快要升至顶端约 2～3 mm 时,请立即停止加水				
	(2)将 MC1 车列车激活开关 TAS 置[激活]位,钥匙开关 KS 置[ON]位	MC1 车激活				
电笛	(3)闭合电笛回路断路器 EHCB,按下 MC1 车电笛按钮 EHPB 不松开	接触器 EHK 闭合,电笛响				
	(4)松开电笛按钮 EHPB	电笛停止				
除霜器	(5)闭合除霜回路断路器 DWCB、刮雨器回路断路器 WWCB,将 MC1 车除霜器开关 DWS 置[ON]	挡风玻璃除霜电阻接触器 WDZK 得电,除霜器加热[室温高于(25±5) ℃时,在挡风玻璃电阻 R 附近用冷却剂降低玻璃温度];待挡风玻璃温度达到(40±3) ℃时(用红外点温仪测试除霜器四周挡风玻璃的温度),除霜器停止加热,WDZK 失电(室温低于 10 ℃时,由于挡风玻璃温度达到 40 ℃所需时间较长,此步骤不做)				
	(6)将除霜器开关置[OFF]位	除霜器停止加热				

续上表

项目	操　　作	确　　认	MC1	MP1	MP2	MC2
挡风玻璃刮雨器	(7)按下刮雨器按钮保持	挡风玻璃刮雨器喷嘴向外喷水(水要喷到玻璃面上)				
	(8)松开刮雨器按钮	挡风玻璃刮雨器喷嘴向外停止喷水				
	(9)将刮雨器开关置[慢速]位	刮雨器以低速工作				
	(10)将刮雨器开关置[快速]位	刮雨器以高速工作				
	(11)将刮雨器开关置[中间]位	刮雨器自动回到“中间”位置				
	(12)将刮雨器开关置[关]位	刮雨器自动回到初始位置				
换头	(13)在MC2车上重复步骤(2)～(12),MC1和MC2互换	结果一样				

注:表中阴影部分代表该车辆不存在当前测试项点。

5.4.4 照明系统

1. 初始条件

(1)列车休眠;

(2)所有车门关闭并锁好,均未解锁或切除。

2. 试验程序

照明系统试验程序见表5.6。

表5.6 照明系统试验程序

项目	操　　作	确　　认	MC1	MP1	MP2	MC2
唤醒	(1)在MC1车将列车激活开关TAS打到“唤醒”位,唤醒列车	列车唤醒,两MC车红色尾灯、红色运营灯亮,车厢贯通道两端筒灯亮,紧急照明亮				
司机室照明	(2)将MC1车司机室照明开关CLS置[阅读灯]位	司机室阅读灯亮				
	(3)将MC1车司机室照明开关CLS置[顶棚灯暗]位	司机室阅读灯灭,司机室顶棚灯亮,但照度较低				

续上表

项目	操　作	确　认	MC1	MP1	MP2	MC2
司机室照明	(4)将MC1车司机室照明开关CLS置[顶棚灯亮]位	司机室顶棚灯变亮				
	(5)将MC1车司机室照明开关CLS置[关]位	司机室顶棚灯灭				
头灯、尾灯、运营灯	(6)将MC1车钥匙置[ON]	两MC车红色尾灯、红色运营灯亮				
	(7)MC1车司控器置[向前]位	MC1车头灯接触器HLIK1得电，头灯接触器HLIK2失电，头灯近光灯、白色运营灯亮，红色运营灯、尾灯灭；MC2车头灯近光灯、白色运营灯灭，尾灯、红色运营灯亮				
	(8)MC1车将头灯明暗调节开关HLBDS置[远光灯]位	MC1车HLIK2得电，HLIK1失电，头灯远光灯亮				
	(9)MC1车司控器置[向后]位	MC1车头灯、尾灯、白色运营灯、红色运营灯亮；MC2车头灯、尾灯、白色运营灯、红色运营灯亮				
	(10)MC1车司控器置[0]位	MC1车HLIK1失电，HLIK2失电，头灯远光灯、白色运营灯灭，红色运营灯、尾灯亮；MC2车头灯远光灯、白色运营灯灭，尾灯、红色运营灯亮				
	(11)将MC1车头灯救援开关HLIS置[开]位	MC1车HLIK2得电，头灯远光灯亮				
	(12)将MC1车头灯救援开关HLIS置[关]位	MC1车HLIK2失电，头灯远光灯灭				
	(13)将MC1车钥匙置[OFF]位，使列车睡眠	MC1和MC2车的尾灯保持亮				
正常照明	(14)钥匙打到“ON”位，客室照明控制开关PLCS打到“正常照明”位	所有车客室照明以正常照明模式点亮，照度较高				
	(15)将客室照度调节开关IRS依次置于85%、100%挡位	客室照明仍以正常照明模式点亮，且照度依次提高				
	(16)将客室照度调节开关IRS依次置于60%、75%挡位	客室照明仍以正常照明模式点亮，照度先降低，后增加				
	(17)将客室照度调节开关IRS打到“自动感光”挡位	使用强光手电照射客室内感光器，客室照明亮度降低，关闭手电后亮度恢复				

续上表

项目	操　　作	确　　认	MC1	MP1	MP2	MC2
正常照明	(18)按下整车照明关断VLCPB按钮	客室照明熄灭				
紧急照明	(19)将PLCS打到“紧急照明”位	所有车客室照明转变为紧急照明模式点亮				
电气柜维护照明	(20)打开司机室右侧电气柜CREC柜任一柜门	司机室右侧电气柜维护照明灯CRECELI1、CRECELI2灯亮				
	(21)关闭上述柜门	司机室右侧电气柜维护照明灯CRECELI1、CRECELI2灯灭				
	(22)打开司机室左侧电气柜CLEC柜任一柜门	司机室左侧电气柜维护照明灯CLECELI1、CLECELI2灯亮				
	(23)关闭上述柜门	司机室左侧电气柜维护照明灯CLECELI1、CLECELI2灯灭				
	(24)打开客室二位端左侧电气柜SEC2L柜任一柜门	客室二位端左侧电气柜维护照明灯SEC2LELI1灯亮				
	(25)关闭上述柜门	客室二位端左侧电气柜维护照明灯SEC2LELI1灯灭				
	(26)打开客室二位端右侧电气柜SEC2R柜柜门	客室二位端右侧电气柜维护照明灯SEC2RELI1灯亮				
	(27)关闭上述柜门	客室二位端右侧电气柜维护照明灯SEC2RELI1灯灭				
换端操作	(28)在MC2车上重复步骤(1)～(19)，其中MC1和MC2、MP1和MP2互换	结果相同				

注：表中阴影部分代表该车辆不存在当前测试项点。

5.4.5 车门操作系统

1. 初始条件

(1)列车唤醒，列车所有断路器闭合。

(2)所有车门均关好，车门没有被紧急解锁或切除。

(3)试验过程中通过司机显示单元DDU查看每个车门是否处在正确的状态。

(黄色)表示车门的状态为打开；(绿色)表示车门的状态为关闭；(红色)表示车门有故障；(橙色)表示车门切除(隔离)；(黄色)表示车门紧急解锁；(黄色)表示检测到障碍物；(白色)表示车门状态未知，隔离门的状态为打开；(黄色)表示门的状态为紧急解锁请求。

(4)试验开关门过程中，要检查车门指示灯和报警声。开、关门操作过程伴随声音报警和车门指示灯闪烁。当车门开到位时，车门指示灯常亮，报警声消失；当车门关到位时，车门指示灯灭，报警声消失。

2. 试验程序

车门操作系统试验程序见表 5.7。

表 5.7　车门操作系统试验程序

项目	操　作	确　认	MC1	MP1	MP2	MC2
准备	(1)MC1 车 TAS 置[唤醒]位，KS 置[ON]	列车激活，左侧门联锁继电器 DIR_L1、DIR_L2、右侧门联锁继电器 DIR_R1、DIR_R2 得电				
	(2)将两端 VOBC 切除开关 ATPFS 置[隔离]位，开门使能旁路开关 DBYS 置[隔离]位，车门零速旁路开关 ZVBS 置[正常]位，门模式选择开关 DOMS 置[手动]位，左侧车门选择开关 DORS_L 置[左侧]、右侧车门选择开关 DORS_R 置[右侧]	MC 车司机室右侧电气柜 CREC 柜内 ATP 切除接触器 ATPFK1、ATPFK2 失电，门立柱和司控台上开门按钮指示灯 DOPB2_R/DOPB1_R(绿)、DOPB2_L/DOPB1_L(绿)亮				
左侧开关门测试	(3)按下 MC1 车左门开按钮 DOPB1_L	整列车左侧车门打开，在开门过程中内侧车门指示灯(橙黄)闪烁，蜂鸣器发出声音；门开到位后，内侧车门指示灯长亮，提示音消失；DDU 上显示相应车门状态为打开；司控台上所有门关好指示灯 DCLI(绿)灭，门立柱和司控台上关门按钮指示灯 DCPB2_L/DCPB1_L(红)亮				

续上表

项目	操　作	确　认	MC1	MP1	MP2	MC2
左侧开关门测试	(4)按下 MC1 车左门关按钮 DCPB1_L	整列车左侧车门关闭，在关门过程中内侧车门指示灯(橙黄)闪烁，蜂鸣器发出声音；门关到位后，内侧车门指示灯灭，提示音消失；DDU 上显示相应车门状态为关闭；司控台上所有门关好指示灯 DCLI(绿)亮，门立柱和司控台上关门按钮指示灯 DCPB2_L/DCPB1_L(红)灭				
	(5)重复操作(3)～(4)共计3次	结果相同				
	(6)按下 MC1 车左门开按钮 DOPB2_L	整列车左侧车门打开，在开门过程中内侧车门指示灯(橙黄)闪烁，蜂鸣器发出声音；门开到位后，内侧车门指示灯长亮，提示音消失；DDU 上显示相应车门状态为打开；司控台上所有门关好指示灯 DCLI(绿)灭，门立柱和司控台上关门按钮指示灯 DCPB2_L/DCPB1_L(红)亮				
	(7)按下 MC1 车左门关按钮 DCPB2_L	整列车左侧车门关闭，在关门过程中内侧车门指示灯(橙黄)闪烁，蜂鸣器发出声音；门关到位后，内侧车门指示灯灭，提示音消失；DDU 上显示相应车门状态为关闭；司控台上所有门关好指示灯 DCLI(绿)亮，门立柱和司控台上关门按钮指示灯 DCPB2_L/DCPB1_L(红)灭				
	(8)重复操作(6)～(7)共计3次	结果相同				
右侧开关门测试	(9)按下 MC1 车右门开按钮 DOPB1_R	整列车右侧车门打开，在开门过程中内侧车门指示灯(橙黄)闪烁，蜂鸣器发出声音；门开到位后，内侧车门指示灯长亮，提示音消失；DDU 上显示相应车门状态为打开；司控台上所有门关好指示灯 DCLI(绿)灭，门立柱和司控台上关门按钮指示灯 DCPB2_R/DCPB1_R(红)亮				

续上表

项目	操　作	确　认	MC1	MP1	MP2	MC2
右侧开关门测试	(10)按下 MC1 车右门关按钮 DCPB1_R	整列车右侧车门关闭，在关门过程中内侧车门指示灯(橙黄)闪烁，蜂鸣器发出声音；门关到位后，内侧车门指示灯灭，提示音消失；DDU 上显示相应车门状态为关闭；司控台上所有门关好指示灯 DCLI(绿色)亮，门立柱和司控台上关门按钮指示灯 DCPB2_R/DCPB1_R(红色)灭				
	(11)重复操作(9)～(10)共计 3 次	结果相同				
	(12)按下 MC1 车右门开按钮 DOPB2_R	整列车右侧车门打开，在开门过程中内侧车门指示灯(橙黄)闪烁，蜂鸣器发出声音；门开到位后，内侧车门指示灯长亮，提示音消失；DDU 上显示相应车门状态为打开；司控台上所有门关好指示灯 DCLI(绿色)灭，门立柱和司控台上关门按钮指示灯 DCPB2_R/DCPB1_R(红色)亮				
	(13)按下 MC1 车右门关按钮 DCPB2_R	整列车右侧车门关闭，在关门过程中内侧车门指示灯(橙黄)闪烁，蜂鸣器发出声音；门关到位后，内侧车门指示灯灭，提示音消失；DDU 上显示相应车门状态为关闭；司控台上所有门关好指示灯 DCLI(绿色)亮，门立柱和司控台上关门按钮指示灯 DCPB2_R/DCPB1_R(红色)灭				
	(14)重复操作(12)～(13)共计 3 次	结果相同				
零速与门使能列车线	(15)注：在 MC1 车上按下表步骤操作，其中“0”为无动作。请在 DDU 界面上确认车门状态					

续上表

<table>
<tr><th>项目</th><th colspan="5">操　作</th><th colspan="6">确　认</th><th>MC1</th><th>MP1</th><th>MP2</th><th>MC2</th></tr>
<tr><td rowspan="11">零速与门使能列车线</td><td colspan="2">ZVRCB1</td><td colspan="2">ZVRCB2</td><td rowspan="2">DRCB_L</td><td rowspan="2">DRCB_R</td><td rowspan="2">左门开按钮</td><td rowspan="2">右门开按钮</td><td rowspan="2">左门关按钮</td><td rowspan="2">右门关按钮</td><td rowspan="2">门状态</td><td></td><td></td><td></td><td></td></tr>
<tr><td>MC1</td><td>MC2</td><td>MC1</td><td>MC2</td><td></td><td></td><td></td><td></td></tr>
<tr><td>ON</td><td>ON</td><td>ON</td><td>ON</td><td>OFF</td><td>ON</td><td>按下</td><td>按下</td><td>0</td><td>0</td><td>MC1、MP1车右侧门开，MC2、MP2车左侧门开</td><td></td><td></td><td></td><td></td></tr>
<tr><td>ON</td><td>ON</td><td>ON</td><td>ON</td><td>OFF</td><td>ON</td><td>0</td><td>0</td><td>按下</td><td>按下</td><td>所有车门关闭</td><td></td><td></td><td></td><td></td></tr>
<tr><td>ON</td><td>ON</td><td>ON</td><td>ON</td><td>ON</td><td>OFF</td><td>按下</td><td>按下</td><td>0</td><td>0</td><td>MC1、MP1车左侧门开，MC2、MP2车右侧门开</td><td></td><td></td><td></td><td></td></tr>
<tr><td>ON</td><td>ON</td><td>ON</td><td>ON</td><td>ON</td><td>OFF</td><td>0</td><td>0</td><td>按下</td><td>按下</td><td>所有车门关闭</td><td></td><td></td><td></td><td></td></tr>
<tr><td>ON</td><td>ON</td><td>ON</td><td>ON</td><td>ON</td><td>ON</td><td>按下</td><td>按下</td><td>0</td><td>0</td><td>所有车门打开</td><td></td><td></td><td></td><td></td></tr>
<tr><td>OFF</td><td>OFF</td><td>ON</td><td>ON</td><td>ON</td><td>ON</td><td>0</td><td>0</td><td>0</td><td>0</td><td>全列2、3、6门关</td><td></td><td></td><td></td><td></td></tr>
<tr><td>ON</td><td>ON</td><td>ON</td><td>ON</td><td>ON</td><td>ON</td><td>按下</td><td>按下</td><td>0</td><td>0</td><td>所有车门打开</td><td></td><td></td><td></td><td></td></tr>
<tr><td>ON</td><td>ON</td><td>OFF</td><td>OFF</td><td>ON</td><td>ON</td><td>0</td><td>0</td><td>0</td><td>0</td><td>全列1、4、5门关</td><td></td><td></td><td></td><td></td></tr>
<tr><td colspan="11">(16)将上述断路器均闭合，按下左右关门按钮，使所有车门关闭</td><td></td><td></td><td></td><td></td></tr>
<tr><td rowspan="5">零速旁路与紧急使能</td><td colspan="5">(17)按下左、右开门按钮</td><td colspan="6">所有车门开</td><td></td><td></td><td></td><td></td></tr>
<tr><td colspan="5">(18)将两MC车的网关阀零速断路器GVZSCB置[OFF]</td><td colspan="6">所有车门关闭</td><td></td><td></td><td></td><td></td></tr>
<tr><td colspan="5">(19)将ZVBS置[旁路]，按下左、右开门按钮</td><td colspan="6">所有车门开</td><td></td><td></td><td></td><td></td></tr>
<tr><td colspan="5">(20)按下左右侧关门</td><td colspan="6">所有车门关闭</td><td></td><td></td><td></td><td></td></tr>
<tr><td colspan="5">(21)DBYS置[正常]，按下左右侧开门</td><td colspan="6">所有车门关闭</td><td></td><td></td><td></td><td></td></tr>
</table>

续上表

项目	操　　作	确　　认	MC1	MP1	MP2	MC2
零速旁路与紧急使能	(22)紧急使能开关 DENAS 置[左侧],按下左开门按钮	MC1、MP1 车左侧 2 门开,MC2、MP2 车右侧 1 门开				
	(23)紧急使能开关 DENAS 置[右侧],按下右开门按钮	MC1、MP1 车右侧 1 门开,MC2、MP2 车左侧 2 门开				
	(24)按下左、右侧关门	所有门关闭				
	(25)紧急使能开关 DENAS 置[双侧],按下左、右开门按钮	全列 1、2 门打开				
	(26)恢复两 MC 车 GVZSCB,恢复 DBYS 置[旁路],关闭所有车门	—				
换端操作	(27)将 MC1 车钥匙开关置[OFF],MC2 车钥匙开关置[ON],重复步骤(1)～(26),将步骤中的 MC1 替换为 MC2	结果相同				
紧急解锁、切除	(28)对列车左侧第一个车门进行紧急解锁请求操作	左侧门解锁请求激活继电器 DRAR_L 失电				
	(29)对列车左侧第一个车门进行紧急解锁操作	DIR_L1、DIR_L2 失电,DIR_R1、DIR_R2 得电;左侧关门带灯按钮 DCPB1_L、DCPB2_L 点亮;司机台门关好指示灯 DCLI 灯灭;该门紧急解锁时车门指示灯(橙黄)保持常亮,蜂鸣器将一直发出声音报警,DDU 上左侧第一个门显示紧急解锁图标				
	(30)按下左侧开门按钮 DOPB1_L	该解锁车门不动作,车门指示灯保持常亮;其余左侧车门正常打开				
	(31)按下左侧关门按钮 DCPB1_L	该解锁车门不动作,车门指示灯保持常亮;其余左侧车门正常关闭				
	(32)复位该门紧急解锁	DIR_L1、DIR_L2 得电,DIR_R1、DIR_R2 得电,该车门关闭;车门指示灯熄灭,司机台门关好指示灯 DCLI 绿灯亮,左侧关门带灯按钮 DCPB1_L、DCPB2_L 熄灭,DDU 上紧急解锁图标消失				
	(33)对该门进行隔离操作	DIR_L1、DIR_L2 得电,DIR_R1、DIR_R2 得电,该门切除指示灯(红灯)常亮;司机台门关好指示灯 DCLI 绿灯亮,DDU 上左侧第一个门显示门隔离图标				

续上表

项目	操　　作	确　　认	MC1	MP1	MP2	MC2
紧急解锁、切除	(34)复位该门隔离开关	DIR_L1、DIR_L2得电，DIR_R1、DIR_R2得电，司机台门关好指示灯绿灯亮				
	(35)依次对左侧车门重复步骤(28)～(34)	结果相同				
	(36)对列车右侧第一个车门进行紧急解锁请求操作	右侧门解锁请求激活继电器DRAR_R失电，DDU显示对应的门				
	(37)对列车右侧第一个车门进行紧急解锁操作	DIR_R1、DIR_R2失电，DIR_L1、DIR_L2得电，右侧关门带灯按钮DCPB_R点亮；司机台门关好指示灯DCLI灯灭；该门紧急解锁时车门指示灯(橙黄)保持常亮，蜂鸣器将一直发出声音报警，DDU上右侧第一个门显示紧急解锁图标				
	(38)按下右侧开门按钮DOPB1_R	该解锁车门不动作，指示灯保持常亮；其余右侧车门正常打开				
	(39)按下右侧关门按钮DCPB1_R	该解锁车门不动作，指示灯保持常亮；其余右侧车门正常关闭				
	(40)复位该门紧急解锁	DIR_L1、DIR_L2得电，DIR_R1、DIR_R2得电，该车门关闭；车门指示灯熄灭，司机台门关好指示灯DCLI绿灯亮，右侧关门带灯按钮DCPB_R熄灭，DDU上紧急解锁图标消失				
	(41)对该门进行隔离操作	DIR_L1、DIR_L2得电，DIR_R1、DIR_R2得电，该门切除指示灯(红灯)常亮；司机台门关好指示灯DCLI绿灯亮，DDU上右侧第一个门显示门隔离图标				
	(42)复位该门隔离开关	DIR_L1、DIR_L2、DCLR得电，DIR_R1、DIR_R2得电，司机台门关好指示灯DCLI绿灯亮				
	(43)依次对右侧车门重复步骤(36)～(42)	结果相同				
紧急解锁请求旁路测试	(44)DRBYS置[旁路]	RIOM10的DI3 DRBYS为1				
	(45)DRBYS置[正常]	RIOM10的DI3 DRBYS为0				

续上表

项目	操　作	确　认	MC1	MP1	MP2	MC2
障碍物检测	(46)对整列车的每个车门测试车门防夹功能					
	①左侧防夹功能 (a)按下左侧开门按钮； (b)将一个尺寸为 20 mm×40 mm 的防夹棒放在每个车门的两扇门页之间，按下左门关按钮(分别距离地面约 200 mm、1 000 mm、1 800 mm 三个位置)； (c)移开防夹棒，按下左侧关门按钮	左侧车门打开： 放入防夹棒的车门试着关门 3 次，门将打开并停在最大开门位置，除了放入防夹棒的车门其余车门均关闭 未关好的左侧车门关闭，已关好的门无动作				
	②右侧防夹功能 (a)按下右侧开门按钮； (b)将一个尺寸为 20 mm×40 mm 的防夹棒放在每个车门的两扇门页之间，按下右门关按钮(分别距离地面约 200 mm、1000 mm、1800 mm 三个位置)； (c)移开防夹棒，按下右侧关门按钮	右侧车门打开： 放入防夹棒的车门试着关门 3 次，门将打开并停在最大开门位置，除了放入防夹棒的车门其余车门均关闭 未关好的右侧车门关闭，已关好的门无动作				

开关门时间测试

(47)用秒表测量每扇门开关门时间。注意：测量的时间仅是在车门移动过程中记录的开门/关门时间。开关门时间标准为开门时间(3.5 ±0.5) s；关门时间(3.5 ±0.5) s

车门	MC1		MP1		MP2		MC2	
	开门	关门	开门	关门	开门	关门	开门	关门
右门 1								
右门 3								
右门 5								
左门 2								
左门 4								
左门 6								

关门力测试

(48)用关门力测试仪测量每扇门的关门力。注意：测量时将测试仪放置在车门上、中、下三个位置。关门力有效值标准值为第一次不超过 150 N，第二次不超过 180 N，第三次不超过 200 N(标准是采用车门采购技术规范里面的标准)

续上表

项目	操作				确认			MC1	MP1	MP2	MC2
车门	试验次数	MC1	MP1	MP2	MC2	车门	试验次数	MC1	MP1	MP2	MC2
左门 2	第一次					右门 1	第一次				
	第二次						第二次				
	第三次						第三次				
左门 4	第一次					右门 3	第一次				
	第二次						第二次				
	第三次						第三次				
左门 6	第一次					右门 5	第一次				
	第二次						第二次				
	第三次						第三次				

注:表中阴影部分代表该车辆不存在当前测试项点。

5.4.6 乘客信息系统

1. 初始条件

(1)列车休眠;

(2)接触网高压供电;

(3)所有车门关闭并锁好,均未解锁或切除。

2. 试验程序

乘客信息系统试验程序见表 5.8。

表 5.8 乘客信息系统试验程序

项目	操作	确认	MC1	MP1	MP2	MC2
准备	(1)在 MC1 车司机室将列车激活开关 TAS 打到[唤醒]位	列车唤醒				
	(2)将 MC1 车司机室钥匙开关 KS 置[ON]位	MC1 司机室占用				
	(3)将受电弓控制开关 PMCS 打到[升双弓]位	双弓升起,辅助逆变器启动				

续上表

项目	操　　作	确　　认	MC1	MP1	MP2	MC2
系统上电	(4)将 MC1、MC2 车闭合司机室乘客信息系统 PIS 控制主机断路器 PCUCB	广播控制主机上电源模块 IN、OUT1、OUT2 指示灯常亮，SWIMCH 板对应有接线的端口指示灯闪烁				
	(5)闭合 MC1、MC2 车广播控制盒断路器 DACUCB	广播控制盒 PA/CC/PC 指示灯间隔闪烁，正常启动后熄灭				
	(6)闭合所有车厢的客室 PIS 控制主机断路器 SCUCB	客室控制主机电源模块指示灯亮起，交换机有对应接线端口指示灯闪烁				
	(7)闭合所有车厢的左侧动态地图显示屏断路器 LMDU_LCB、右侧动态地图显示屏断路器 LMDU_RCB	动态地图显示屏 LMDU 正常启动后进入屏保图片界面，目的地显示屏 FDU、客室通道显示屏 IDU 进入自检模式，全屏横扫、竖扫约 10 s 后，若无有效信号显示欢迎词界面				
	(8)闭合 LCD 屏断路器 LCD_RCB 及 LCD_LCB	LCD 屏启动自检后显示欢迎词界面，若有视频信号则显示播放视频				
	(9)闭合所有网络硬盘录像机断路器 NVRCB	网络硬盘录像机 NVR 电源指示灯常亮				
	(10)闭合交换机断路器 PNSCB	交换机 PNS 指示灯常亮				
	(11)闭合右侧乘客紧急报警断路器 PECU_RCB 及左侧乘客紧急报警断路器 PECU_LCB	乘客紧急对讲装置 PECU 进入自检模式，“等待”和“讲话”指示灯交替闪烁三次后熄灭				
广播测试	(12)将 MC1 车设置为主控端	DACU 的显示屏上激活端有绿色指示				
	(13)在 MC1 车按下广播控制盒 DACU 的“PA”按键	MC1 的 DACU 的 PA 按钮指示灯常亮；MC2 的 DACU 的 PA 按钮指示灯闪亮				
	(14)按下麦克风 MIC 的 PTT 按钮并使用麦克风讲话	从 MC2 司机室扬声器和客室扬声器能听到讲话声				
	(15)在 MC1 车再次按下“PA”按钮	所有司机室的口播按钮指示灯熄灭，讲话结束				
	(16)在 MC1 车按下 DACU 的“PA”按键	MC1 的 DACU 的 PA 按钮指示灯常亮；MC2 的 DACU 的 PA 按钮指示灯闪亮				
	(17)按下 MIC 的 PTT 按钮并使用麦克风讲话	从 MC2 司机室扬声器和客室扬声器能听到讲话声				

续上表

项目	操　　作	确　　认	MC1	MP1	MP2	MC2
广播测试	(18)在 MC2 车按下 DACU 的“PA”按钮	所有司机室的口播按钮指示灯熄灭，讲话结束				
	(19)在 MC2 车按下 DACU 的“PA”按键	MC2 的 DACU 的 PA 按钮指示灯常亮；MC1 的 DACU 的 PA 按钮指示灯闪亮				
	(20)按下 MCI 的 PTT 按钮并使用麦克风讲话	从 MC1 司机室扬声器和客室扬声器能听到讲话声				
	(21)在 MC2 车再次按下 DACU 的“PA”按钮	所有司机室的 PA 按钮指示灯熄灭，讲话结束				
	(22)在 MC2 车按下 DACU 的“PA”按键	MC2 的 DACU 的 PA 按钮指示灯常亮；MC1 的 DACU 的 PA 按钮指示灯闪亮				
	(23)按下 MCI 的 PTT 按钮并使用麦克风讲话	从 MC1 司机室扬声器和客室扬声器能听到讲话声				
	(24)在 MC1 车按下 DACU 的“PA”按钮	所有司机室的 PA 按钮指示灯熄灭，讲话结束				
对讲测试	(25)在 MC1 车按下 DACU 的“CC”按钮	两端 DACU 的 CC 指示灯常亮				
	(26)按下 PTT 按钮使用麦克风讲话	两端司机室可以正常全双工通话。在另一端端司机室的司机室扬声器里可以听到声音				
	(27)检查、确认客室没有声音	在客室听不到讲话声音				
	(28)在 MC1 车再次按下 DACU 的 “CC”按钮	两端司机室 CC 指示灯熄灭，两端司机室通话结束				
	(29)在 MC1 车按下“CC”按钮	两端 DACU 的 CC 指示灯常亮				
	(30)按下 PTT 按钮使用麦克风讲话	两端司机室可以正常全双工通话，在另一端端司机室的司机室扬声器里可以听到声音				
	(31)检查、确认客室没有声音	在客室听不到讲话声音				
	(32)在 MC2 车按下 DACU 的“CC”按钮	两端司机室 CC 指示灯熄灭，两端司机室通话结束				

续上表

项目	操　　作	确　　认	MC1	MP1	MP2	MC2
乘客报警自动模式	(33)将 MC1 车驾驶室设置为主控端，DACU 设置为自动模式	—				
	(34)在任意一个 PECU 上按下乘客报警按钮	(1)DACU：报警指示灯闪烁；司机室扬声器发出报警提示音；DACU 显示屏显示报警 PECU 的相对位置； (2)PECU：等待指示灯闪亮； (3)MDS：弹出并显示报警联动画面				
	(35)按下 DACU 的“PC”按钮	(1)DACU：报警音消失；报警指示灯常亮； (2)PECU：讲话指示灯常亮；等待指示灯熄灭				
	(36)按下 PTT 按钮用麦克风对 PECU 讲话	激活的 PECU 可与司机进行全双工通话				
	(37)再次按下 DACU 的“PC”按钮	(1)DACU：对讲指示灯熄灭；DACU 显示屏上 PECU 位置报警符号消失； (2)PECU：讲话指示灯熄灭；报警结束； (3)MDS：退出报警联动画面				
乘客报警手动模式	(38)将 DACU 设置为手动模式	—				
	(39)在任意一个 PECU 上按下乘客报警按钮	(1)DACU：报警指示灯闪烁；司机室扬声器发出报警提示音；DACU 显示屏显示报警 PECU 的相对位置； (2)PECU：等待指示灯闪亮； (3)MDS：弹出并显示报警联动画面				
	(40)按下[报警模式]按钮后进入 PC 手动操作模式，再按下 DACU 的“PC”按钮	(1)DACU：报警音消失；报警指示灯常亮； (2)PECU：讲话指示灯常亮；等待指示灯熄灭				
	(41)按下 PTT 按钮使用麦克风对 PECU 讲话	激活的 PECU 可与司机进行全双工通话				

续上表

项目	操　作	确　认	MC1	MP1	MP2	MC2
乘客报警手动模式	（42）再次按下 DACU 的“PC”按钮	（1）DACU：对讲指示灯熄灭；DACU 显示屏上 PECU 位置报警符号消失； （2）PECU：讲话指示灯熄灭；报警结束				
多乘客PECU乘客紧急对讲	（43）在任意一个 PECU 上按下乘客报警按钮	（1）DACU：报警指示灯闪烁；司机室扬声器发出报警提示音；DACU 显示屏显示报警 PECU 的相对位置； （2）PECU：等待指示灯闪亮； （3）MDS：弹出并显示报警联动画面				
	（44）再任意按下乘客报警按钮	（1）DACU：DACU 显示屏同时显示报警 PECU1 和 PECU2 的相对位置； （2）MDS：联动画面下方的指示图标增加第二次报警的位置说明，联动画面不变；可手动点击实现在报警画面之间的切换				
	（45）按下 DACU 的报警模式按键	DACU 显示屏进入 PECU 选择界面				
	（46）通过 DACU 面板上的上下翻按键选择 PECU2，并确认	选择的 PECU 有外框显示				
	（47）选择按下“PC”按键	（1）DACU：报警音停止；报警指示灯常亮；DACU 的显示屏显示接通 PECU 状态； （2）PECU1：[等待]指示灯闪烁； （3）PECU2：[等待]指示灯熄灭；[讲话]的指示灯常亮； （4）MDS：弹出并显示接通的 PECU 对应的报警联动画面				
	（48）按下 PTT 按钮使用麦克风对 PECU2 讲话	司机室和 PECU2 之间可进行全双工对讲				
	（49）再次按下 DACU 的“PC”按键	（1）PECU2：讲话指示灯熄灭； （2）DACU：报警音再次响起；报警指示灯闪烁；DACU 显示屏显示报警器选择画面； （3）PECU1：[等待]指示灯闪烁； （4）MDS：联动画面切换到报警的 PECU				

续上表

项目	操　　作	确　　认	MC1	MP1	MP2	MC2
多乘客PECU乘客紧急对讲	(50)在DACU上选择报警的PECU1并按下"PC"接通	(1)DACU：报警音停止；报警指示灯常亮； (2)PECU1：[讲话]的指示灯常亮				
	(51)按下PTT按钮使用麦克风对PECU1讲话	司机室和PECU1之间可进行全双工对讲				
	(52)选择按下的DACU的"PC"按键	(1)DACU：报警指示灯熄灭；MDS屏显示退出报警联动画面，进入默认画面； (2)PECU1：[讲话]的指示灯熄灭；报警结束				
	(53)任意触发多个乘客紧急报警器	(1)DACU：报警指示灯闪烁；司机室扬声器发出报警提示音；DACU显示器显示报警PECU的相对位置； (2)PECU：等待指示灯闪烁； (3)MDS：弹出并显示最先报警的联动画面				
	(54)在DACU面板选择"复位报警"按键	PECU报警被复位：MDS屏显示退出报警联动画面，进入默认画面				
LCD多媒体功能测试	(55)将MC1车司机室设置为主控端，在MC1车的DACU选择手动模式，并在DACU建立一条路径，并从起点站到终点站逐站发送报站信息	从司机室扬声器和客室扬声器能听到播音；客室LED显示器IDU显示报站信息；终点站LED显示器FDU显示终点站信息；LCD动态地图显示器LMDU显示对应的报站线路及站点信息；LCD显示器显示对应的报站信息				
	(56)将MC1车司机室设置为主控端，并将DACU设置为手动模式	—				
	(57)在DACU上选择"紧急信息"按钮，通过上翻下翻按键选择一条"紧急广播"	DACU弹出紧急信息选择对话框，DACU将有相应的指示				
	(58)选择"紧急广播"，点击确认按键	此时客室扬声器循环播报对应的紧急信息语音，客室显示器(IDU、LMDU、LCD)显示对应紧急广播内容				
	(59)点击"停播EPA"按键	停止紧急广播，客室显示器(IDU、LMDU、LCD)对应的紧急信息显示清除				
	(60)点击"返回"按键	DACU将退出紧急报警界面				

续上表

项目	操作	确认	MC1	MP1	MP2	MC2
LCD多媒体功能测试	(61)将DACU设置为自动模式,在DDU上触发一条紧急信息	此时客室扬声器播报对应的紧急信息语音,客室显示器(IDU、LMDU、LCD)显示对应紧急广播内容				
	(62)将MC1车司机室设置为主控端;使用模拟开关打开OCC通道	—				
	(63)在对应接口输入外界音频	司机室和客室扬声器能听到播音				
	(64)使用模拟开关关闭OCC通道	客室及司机室扬声器将静音				
	(65)上电默认MC1车的司机室PIS控制主机PCU为主控端	—				
	(66)进行手动报站测试,任意设置一条线路进行报站	此时客室扬声器广播对应的语音信息,显示器(IDU、FDU)显示对应的报站信息,LMDU显示对应线路信息				
	(67)在报站语音未结束前,进行任意一条紧急消息广播	报站广播被打断,客室扬声器广播对应的紧急消息				
	(68)在紧急消息语音未结束前,进行人工广播,按下PTT按钮并讲话	紧急消息广播被打断,客室扬声器广播讲话内容				
	(69)在不取消人工广播的情况下,激活任意一个PECU	接通紧急通话后,人工广播被取消,司机室扬声器可听到PECU讲话声音				
	(70)在不取消紧急通话的情况下,按下DACU的“CC”按钮进行司机室对讲	紧急通话被打断,PECU报警复位。司机对讲建立,两个司机室可进行全双工对讲				
	(71)再次按下DACU的“CC”按键	司机室通话结束				
	(72)在DACU按下F1按键,选择打开噪检旁路开关,使用DACU触发一条报站信息	客室可听到报站语音,同时使用声级计记录报站声音大小				
	(73)报站语音结束后,在客室噪检模块处制造一个大于报站音量的噪声,持续15 s以上	—				
	(74)使用DACU触发一条报站信息	客室可听到报站语音,同时使用声级计记录报站声音大小,该次声音大于73 dB音量但小于95 dB				

续上表

项目	操　　作	确　　认	MC1	MP1	MP2	MC2
LCD音量调节和噪检旁路	(75)在 DACU 按下 F1 按键,输入相应的管理员密码	DACU 的显示屏弹出对应对话框				
	(76)选择“音量设置”	DACU 的显示屏进入对应的对话框				
	(77)选择“整车调节”并设置一个音量值	客室广播音量随之变化				
	(78)选择某一车厢并设置一个音量值	自动广播音量随之变化				
	(79)选择并关闭噪检功能	所有车厢的噪检功能关闭,车厢客室广播音量不再跟随环境噪声改变而改变				
	(80)在监控触摸屏 MDS 上操作选择并进入音量设置界面设置 LCD 音量	LCD 伴音随之变化				
	(81)在 PCU1 的 MC 卡中拷入视频 1,在 PCU2 的 MC 卡中拷入视频 2	LCD 将播放 PCU1 中 MC 卡中的视频				
	(82)断开 PCU1 电源空开	LCD 将切换播放 PCU2 中 MC 卡中的视频				
	(83)恢复 PCU1 电源	LCD 将切换播放 PCU1 中 MC 卡中的视频				
视频监控功能测试	(84)将 MC1 车司机室设置为主控端,并打开两端 MDS 电源开关	两端 MDS 默认为四画面轮巡界面,监控画面能叠加水印(水印包括摄像头编号、时间日期)				
	(85)选择停止轮巡按键	监控画面将停止轮巡				
	(86)选择单画按键	将全屏显示当前监控视频画面				
	(87)选择任意一个摄像头图标	显示屏将显示该摄像头对应的监控画面				
	(88)选择一次上一监控画面按键	显示屏将切换到上一监控画面				
	(89)选择一次下一监控画面按键	显示屏将切换到下一监控画面				
	(90)选择四画面按键	显示屏四画面显示监控视频				
	(91)选择启动轮巡按键	显示屏将轮巡显示监控画面				

续上表

项目	操　作	确　认	MC1	MP1	MP2	MC2
视频监控功能测试	(92)选择录像查按键,并按照条件进行检索(可查询普通录像和报警录像,报警录像能够存储紧急对讲音频)	系统将检索出符合条件的视频				
	(93)选择对应的视频进行回放	回放画面流畅,无卡顿,且录像能叠加水印(水印包括摄像头编号、时间日期)				
	(94)选择退出按键	显示屏返回默认画面				
	(95)选择设置按键	显示屏将弹出系统设置界面,可查询日志等功能				
	(96)激活一个客室报警器,并接通报警器	MDS 将联动全屏显示报警监控画面,并能够叠加报警类型,PECU 编号、时间日期等信息				
	(97)紧急解锁一个车门	MDS 将联动全屏显示对应的监控画面,并能够叠加紧急解锁,门编号、时间日期等信息				
换端操作	(98)按下降弓按钮 LPPB	受电弓降双弓,辅助逆变器停止				
	(99)将 MC1 车钥匙开关 KS 置于[OFF]位,MC2 车钥匙 KS 置于[ON]位,用 MC2 替换 MC1 重复操作步骤(12)～(99)	结果相同				

注:表中阴影部分代表该车辆不存在当前测试项点。

5.4.7　火灾报警试验

1. 初始条件

(1)列车休眠;

(2)接触网高压供电;

(3)所有车门关闭并锁好,均未解锁或切除。

2. 试验程序

火灾报警试验程序见表 5.9。

表 5.9　火灾报警试验程序

项目	操　　作	确　　认	MC1	MP1	MP2	MC2
激活	(1)在MC1车司机室将钥匙开关KS置[ON]位	MC1车司机室激活				
自检	(2)将两MC车的火灾主机断路器FCUCB置于[ON]位	两端火灾报警主机FCU的LCD显示屏上显示自检结果,所有SHD的绿色运行灯周期闪烁				
温感测试	(3)用热风机对所有烟温复合探头SHD吹热风,距离探头不超过10 cm,设定温度值为85 ℃,使探头周围空气温度升高	被试烟温复合探测器的红色指示灯常亮;火灾报警触发,在两端FCU发出报警蜂鸣声,火警指示灯常亮,并显示报警位置和报警类型;DDU上显示报警烟温复合探测器的具体位置;MDS自动将监控画面跳转至联动摄像头				
	(4)在一端的DDU上按下报警弹窗的消音键或按下一端FCU显示屏的消音按键	两端FCU的报警音停止				
	(5)待此探头周围空气温度降至室温,在任一端的DDU或FCU按下复位按钮	DDU报警提示消失,FCU的火警指示灯熄灭,被试烟温复合探测器的红色报警指示灯熄灭,重新回到检测状态				
	(6)对整列车所有烟温复合探测器进行温感测试,重复步骤(3)～(5)	结果相同				
烟感测试	(7)用喷烟枪对所有SHD进行喷烟测试,距离不超过10 cm,持续2 s,使探头周围烟雾浓度增大到SHD的烟雾报警阈值0.16 dB/m	被试烟温复合探测器的红色报警指示灯常亮;火灾报警触发,在两端FCU发出报警蜂鸣声,火警指示灯常亮,并显示报警位置和报警类型;MDS自动将监控画面跳转至联动摄像头				
	(8)待此探头周围烟雾散开,在任一端的DDU或FCU按下复位按键	蜂鸣声停止,DDU上报警提示消失,FCU火警指示灯熄灭,被试烟温复合探测器的红色报警指示灯熄灭,重新回到检测状态				
	(9)对整列车所有烟温复合探测器进行烟感测试,重复步骤(7)～(8)	结果相同				

续上表

项目	操　作	确　认	MC1	MP1	MP2	MC2
故障模拟	(10)把SHD的一对连接器拔掉,使SHD总线在此断开	火灾系统故障触发,在两端FCU上发出故障报警的蜂鸣声,黄色故障指示灯常亮,并显示故障位置和故障类型;DDU显示屏故障列表会有故障提示FAS内网RS485总线断开,探测器通信故障				
	(11)将拔下的一对连接器对接	RS485总线接通,DDU显示屏和FCU故障列表只显示一个探测器通信故障				
	(12)在FCU上将故障的SHD屏蔽掉	FCU故障指示灯熄灭;DDU上故障提示消失				
	(13)在FCU上对故障的SHD解屏蔽	一段时间后FCU继续发出故障报警声,FCU故障指示灯亮,DDU上有故障提示				
	(14)把拔下的探测器接回到原环路中	FCU自复位,蜂鸣声停止,FCU的故障指示灯熄灭;DDU上故障报警提示消失				
	(15)对整列车所有烟温复合探测器进行故障模拟,重复步骤(10)～(14)	结果相同				
冗余测试	(16)在本端FCU正常激活的情况下,将FCU的X1连接器取下,观察试验结果后复位	DDU显示屏故障列表会有故障提示,FAS内网RS485总线断开、CAN总线断开				
	(17)将激活端FCUCB断开,在另一端重复步骤(3)～(15)	另一端的FCU和所有探测器正常工作,系统功能不受影响				
	(18)恢复断开的FCUCB	—				

注:表中阴影部分代表该车辆不存在当前测试项点。

5.4.8 轮缘润滑、踏面清扫静态试验

1. 初始条件

(1)列车休眠;

(2)接触网高压供电;

(3)所有车门关闭并锁好,均未解锁或切除。

2. 试验程序

轮缘润滑、踏面清扫静态试验程序见表 5.10。

表 5.10　轮缘润滑、踏面清扫静态试验程序

项目	操　作	确　认	MC1	MP1	MP2	MC2
设备测试	(1)将 MC1 车 TAS 置[激活]位，KS 置[ON]位	MC1 车激活				
	(2)将轮缘润滑断路器 WFLCB 置[ON]	—				
	(3)在列车前方第一条轮对的左右两喷嘴前 20～30 mm 靠在轮缘处放置一张白纸，将轮缘润滑设备 TEST 模式设置为[ON]	—				
	(4)确认轮缘润滑截断塞门置正常位，按下电控盒的“TEST”按钮，并观察喷嘴	喷嘴开始喷油				
	(5)将 WFLCB 置[OFF]，取下白纸，检查喷油效果	两张白纸的油斑大小基本一致，且喷油位置接近轮缘位置				
直道时间模式	(6)采用带开关短接线短接司机室右侧电气柜内供电点位 TB04CREC/H28 和 WFLR/1，开关置[OFF]	—				
	(7)在 MC1 车将 WFLCB 置[ON]，短接线开关置[ON]	—				
	(8)在列车前方第一条轮对的左右两喷嘴前 20～30 mm 靠在轮缘处各放置一张白纸，并观察喷嘴	每隔 120 s 开始循环喷油一次 6 s				
	(9)喷射三次后，将 WFLCB 置[OFF]，取下白纸，检查喷油效果	两张白纸的油斑大小基本一致，且喷油位置接近轮缘位置				
	(10)检查完成后，去除短接线	—				
踏面清扫静态测试	(11)将踏面清扫断路器 TCCB 置[ON]，在 DDU 维护界面上按下踏面清扫测试按钮	继电器 TCR 得电；同时听踏面清扫电磁阀 TCV 是否动作，踏面清扫按照施加 20 s、缓解 10 s 的周期作用，持续 2 min				

续上表

项目	操　作	确　认	MC1	MP1	MP2	MC2
换端操作	(12)在 MC2 车上重复步骤(1)～(10);将步骤中的 MC1 替换为 MC2	结果相同				

注:表中阴影部分代表该车辆不存在当前测试项点。

5.4.9　空调系统

1. 初始条件

(1)列车休眠;

(2)接触网高压供电;

(3)所有车门关闭并锁好,均未解锁或切除。

(4)空调系统的状态信息在 DDU 上都有相应的显示,见表 5.11。

表 5.11　空调系统对应图标及注释

图标	注　释	图标	注　释	图标	注　释
	空调故障(全红色)		通风		紧急通风(橙色)
	手动暖(黄色)		手动冷(蓝色)		空调离线
	自动(青色)		停机		

2. 试验程序

空调系统试验程序见表 5.12。

表 5.12　空调系统试验程序

项目	操　作	确　认	MC1	MP1	MP2	MC2
准备	(1)在 MC1 车将 TAS 打到[唤醒]位,将 KS 置[ON]	列车激活				
	(2)将受电弓模式选择开关 PMCS 置[升双弓]位,按下升弓按钮 RPPB	受电弓双弓升起				

续上表

项目	操　　作	确　　认	MC1	MP1	MP2	MC2
客室空调本地控制	(3)MC1车客室空调控制盘选择运行模式为自动	MC1车空调根据实际温度执行通风或者制冷				
	(4)MC1车本控模式选择为手动冷,并依次设定19～27 ℃为目标温度	MC1车空调根据实际温度执行通风或者制冷				
	(5)MC1车本控模式选择为手动暖,并依次设定12～20 ℃为目标温度	MC1车空调根据实际温度执行通风或者制暖				
	(6)将MC1车本控模式选择为通风	MC1车空调正常通风				
	(7)将MC1车本控模式选择为停止	MC1车空调停机				
	(8)将MC1车本控模式选择为“应急制冷”	MC1车空调运行制冷模式,可通过PTU查看空调工作状态				
	(9)将MC1车本控模式选择为“应急制暖”	MC1车空调运行制暖模式,可通过PTU查看空调工作状态				
	(10)将MC1车本控模式选择为“应急通风”	MC1车空调运行通风模式,可通过PTU查看空调工作状态				
	(11)将MC1车本控模式选择为“关闭应急模式”	MC1车空调退出应急模式				
	(12)MC1车模式选择选到集控位	—				
	(13)在MP1、MP2、MC2车上重复步骤(3)～(12)	结果相同				
客室空调集中控制	(14)将所有车空调控制盘的工作模式选择为集控位,进入MC1车司机室DDU上空调界面	所有客室空调被集中控制				
	(15)选择“自动模式”,然后按空调模式“确认”	启动空调,客室空调自动运行在以下工况:制冷、制暖或通风。可通过DDU查看各车空调工作状态且是否工作在目标温度,以及每个客室实际温度				
	(16)选择“手动冷”模式,在DDU屏上操作温度调节软按钮(温度偏移“+”“−”)调节目标温度值,然后按“确定”	所有车空调根据所设定温度执行通风或者制冷,可在DDU查看空调工作状态且是否工作在目标温度,以及客室实际温度				

续上表

项目	操　作	确　认	MC1	MP1	MP2	MC2
客室空调集中控制	(17)选择“自动模式”,然后按空调模式“确认”	客室空调自动运行在以下工况:制冷、制暖或通风。可通过DDU查看各车空调工作状态且是否工作在目标温度,以及每个客室实际温度				
	(18)选择“手动暖”模式,在DDU屏上操作温度调节软按钮(温度偏移“+”“—”)调节目标温度值,然后按“确定”	所有车空调根据所设定温度执行通风或者制暖,可在DDU查看空调工作状态且是否工作在目标温度,以及客室实际温度				
	(19)选择“通风”模式	空调正常通风,可通过DDU查看各车空调工作在通风状态				
	(20)操作新风阀“强制关闭”按钮	所有客室空调新风阀关闭				
	(21)操作“预冷停止”或“预热停止”按钮,然后按空调模式“确认	强制停止预冷或预热进入正常工作模式				
	(22)降下受电弓	空调紧急通风				
	(23)选择模式调节区的“停机”	所有客室空调停机,DDU上可查看空调状态				
足部加热	(24)升起受电弓,确认足部加热断路器FHCB闭合,将MC1车足部加热器开关打在“运行”位	加热器全功率运行,风机运行				
	(25)将MC1车足部加热器开关打在“停止”位	足部加热器延时停止				
司机室通风单元	(26)将MC1车司机室顶部通风单元上的通风机开关置于“低速”位	通风单元内通风机低速运行				
	(27)将MC1车司机室顶部通风单元上的通风机开关置于“高速”位	通风单元内通风机高速运行				
	(28)将MC1车司机室顶部通风单元上的电加热开关置于“半暖”“全暖”位	通风单元内的电加热以采暖工况工作或停止				
	(29)关闭电加热开关和通风机开关	通风机和电加热停止				

续上表

项目	操作	确认	MC1	MP1	MP2	MC2
换端操作	(30)将 MC1 车 KS 开关置[OFF],MC2 车 KS 开关置[ON],在 MC2 上重复步骤(14)～(29),把 MC1 换成 MC2	结果相同				

注:表中阴影部分代表该车辆不存在当前测试项点。

5.4.10 自举试验

1. 初始条件

(1)列车休眠;

(2)接触网高压供电;

(3)所有车门关闭并锁好,均未解锁或切除。

2. 试验程序

自举试验程序见表 5.13。

表 5.13 自举试验程序

项目	操作	确认	MC1	MP1	MP2	MC2
蓄电池馈电	(1)准备条件:蓄电池馈电	—				
	(2)将 MC1 车 TAS 打到[激活]位	列车未唤醒				
自举测试	(3)将 MP1 二位三通阀打至"关"位,截断塞门旋至打开位,用脚踏泵升起一个受电弓;受电弓踏滑板与接触网接触稳定	观察脚踏泵上压力表保持在 5 bar 以上,MP1 车受电弓升起				
	(4)按下自举按钮 ESPB	MC1 车辅助逆变器充电机启动				
	(5)再次按下 ESPB 使其弹起	—				
	(6)将 MC1 车 TAS 旋钮打到[激活]位,钥匙置[ON]位	列车唤醒激活				
	(7)受电弓模式选择开关 PMCS 置[升双弓]位,并按下升弓按钮 RPPB	受电弓升起				

续上表

项目	操　　作	确　　认	MC1	MP1	MP2	MC2
自举测试	(8)将第3步所有塞门复位，将MC1车受电弓模式选择开关PCS置[降双弓]位，按下降弓按钮	两个受电弓均降下				
	(9)将MC1车KS置于[OFF]位	—				
换端操作	(10)在MC2上重复步骤(1)～(9)，把MC1换成MC2，把MP1换成MP2	结果相同				

注：表中阴影部分代表该车辆不存在当前测试项点。

5.4.11　压缩设备及气密性试验

1. 初始条件

(1)列车休眠；

(2)接触网高压供电；

(3)所有车门关闭并锁好，均未解锁或切除。

2. 试验程序

压缩设备及气密性试验程序见表5.14。

表5.14　压缩设备及气密性试验程序

项目	操　　作	确　　认	MC1	MP1	MP2	MC2
设备检查	检查停放制动截断塞门	停放制动截断塞门无漏气，排气孔可正常排气				
	检查一位端转向架制动隔离塞门	制动隔离塞门无漏气，排气孔可正常排气				
	检查二位端转向架制动隔离塞门	制动隔离塞门无漏气，排气孔可正常排气				
	检查MC车一位端总风截断塞门	MC车一位端总风截断塞门无漏气，排气孔可正常排气				
	检查二位端总风截断塞门	二位端总风截断塞门无漏气，排气孔可正常排气				

续上表

项目	操　　作	确　　认	MC1	MP1	MP2	MC2
设备检查	检查 MP 车一位端总风截断塞门	MP 车一位端总风截断塞门无漏气，排气孔可正常排气				
	检查主风缸排水阀	主风缸排水阀无漏气，排气孔可正常排气				
	检查空簧风缸排水阀	空簧风缸排水阀无漏气，排气孔可正常排气				
	检查双针压力表白针	白针与主风管压力相符合				
	检查双针压力表红针	红针与制动缸压力相符合				
	检查防油乳化截断塞门	防油乳化截断塞门排气孔排气正常				
	检查轮缘润滑截断塞门（仅针对安装轮缘润滑设备车辆）	轮缘润滑截断塞门无漏气，排气孔排气正常				
	检查踏面清扫截断塞门	截断塞门无漏气，排气孔排气正常				
	检查车下制动隔离截断塞门	截断塞门无漏气，排气孔排气正常				
空压机启动试验	(1)检查所有塞门在正常工作位置	—				
	(2)在 MC1 车司机室激活列车，排主风管气直到主风管压力低于 7 bar（在 DDU 制动界面查看主风管压力）	列车激活，主风管压力低于 7 bar				
	(3)操作受电弓升双弓	受电弓升起，辅助逆变器启动，两 MC 车空压机启动				
	(4)当空压机停止时，记录此时主风管压力	当压力达到（9±0.2）bar 时，两 MC 车空压机停止 激活 MC1 车时 MC1：____ bar；激活 MC2 车时 MC2：____ bar				
	(5)打开主风缸排水塞门缓慢排气，当空压机启动时记录此时压力	当压力下降到（7.5±0.2）bar 时，主空压机启动 激活 MC1 车时 MC1：____ bar；激活 MC2 车时 MC2：____ bar				
	(6)继续排气，当副空压机启动时，记录此时的压力	当压力下降到（7±0.2）bar 时，副空压机启动 激活 MC1 车时 MC1：____ bar；激活 MC2 车时 MC2：____ bar				

续上表

项目	操　　作	确　　认	MC1	MP1	MP2	MC2
空压机启动试验	(7)激活 MC2 车司机室，调整网络系统的日期(DDU 上日期设置加 1 天)	—				
	(8)重复步骤(2)～(6)并记录数据，需确认主副空压机位置变换	—				
	(9)激活 MC1 车，断开 MC2 车空压机控制回路断路器 CMCCB	—				
	(10)升双弓，按住 MC1 车强迫泵风按钮 FPAPB	MC1 车空压机启动				
	(11)记录两个干燥塔交替排气的时间	标准值为(120±30) s MC1：　干燥塔 T1：____　干燥塔 T2：____ MC2：　干燥塔 T1：____　干燥塔 T2：____				
	(12)隔离 MC1 车二位端总风截断塞门、MP1 车一位端总风截断塞门	—				
	(13)当 MC1 车主风管空气压力达到(1 050±20) kPa 时	空压机安全阀排气				
	(14)松开强迫泵风按钮 FPAPB	空压机停止工作				
	(15)将紧急牵引开关 EMTS 置紧急牵引位，司控器方向向前，手柄拉到制动位，打开 MC1 车主风缸截断塞门排气	—				
	(16)当主风管压力下降到(7.0±0.2) bar 时	MC1 车空压机启动				
	(17)当空压机停止时，记录此时主风管压力	激活 MC1 车时 MC1：____ bar；激活 MC2 车时 MC2：____ bar				
	(18)恢复 MC2 车 CMCCB，恢复 MP1 车主风缸截断塞门，恢复 MC1、MP1 车被隔离的总风截断塞门，MC1 车 EMTS 恢复	—				
	(19)激活 MC2 车，重复步骤(9)～(18)，其中 MC1 和 MC2、MP1 和 MP2 互换	结果一样				

续上表

<table>
<tr><th>项目</th><th colspan="2">操　作</th><th>确　认</th><th>MC1</th><th>MP1</th><th>MP2</th><th>MC2</th></tr>
<tr><td rowspan="9">气密性试验</td><td colspan="2">(20)操作受电弓升双弓</td><td>受电弓升起</td><td></td><td></td><td></td><td></td></tr>
<tr><td colspan="2">(21)排主风缸内空气直到空压机启动,停止排风,等待空压机自动停止</td><td>—</td><td></td><td></td><td></td><td></td></tr>
<tr><td colspan="2">(22)降弓,待总风缸压力稳定后,在两MC车测试点测量总风缸压力,记录压力并开始计时</td><td>—</td><td></td><td></td><td></td><td></td></tr>
<tr><td colspan="2">(23)等待10 min,记录此时的压力值填写附表1</td><td>—</td><td></td><td></td><td></td><td></td></tr>
<tr><td colspan="3">整车气密性</td><td></td><td></td><td></td><td></td></tr>
<tr><td>时间/车辆</td><td>MC1/bar</td><td>MC2/bar</td><td></td><td></td><td></td><td></td></tr>
<tr><td>$t=0$ min</td><td></td><td></td><td></td><td></td><td></td><td></td></tr>
<tr><td>$t=10$ min</td><td></td><td></td><td></td><td></td><td></td><td></td></tr>
<tr><td>要求压力下降值不得大于0.2 bar</td><td></td><td></td><td></td><td></td><td></td><td></td></tr>
<tr><td rowspan="10">总风缸及附属管路气密性</td><td colspan="2">(24)升弓,排主风缸内空气直到空压机启动,停止排风,等待空压机自动停止</td><td>—</td><td></td><td></td><td></td><td></td></tr>
<tr><td colspan="2">(25)降弓,隔离所有车上的截断塞门排气</td><td>—</td><td></td><td></td><td></td><td></td></tr>
<tr><td colspan="2">(26)在两MC车测试点测量总风缸压力,记录压力并开始计时</td><td>—</td><td></td><td></td><td></td><td></td></tr>
<tr><td colspan="2">(27)等待5 min,记录此时的压力值</td><td>—</td><td></td><td></td><td></td><td></td></tr>
<tr><td colspan="3">总风缸及附属管路气密性</td><td></td><td></td><td></td><td></td></tr>
<tr><td>时间/车辆</td><td>MC1/bar</td><td>MC2/bar</td><td></td><td></td><td></td><td></td></tr>
<tr><td>$t=0$ min</td><td></td><td></td><td></td><td></td><td></td><td></td></tr>
<tr><td>$t=5$ min</td><td></td><td></td><td></td><td></td><td></td><td></td></tr>
<tr><td>要求压力下降值不得大于0.1 bar</td><td></td><td></td><td></td><td></td><td></td><td></td></tr>
<tr><td colspan="2">(28)试验结束恢复截断塞门</td><td>—</td><td></td><td></td><td></td><td></td></tr>
</table>

续上表

项目	操　　作	确　　认	MC1	MP1	MP2	MC2
防油乳化控制	(29)升弓，在 DDU 维护界面制动单元中，点击“启动防油乳化”按钮	防油乳化电磁阀工作				
	(30)通过 DDU 将系统时间设置为 20:00，通过 RIOM 界面观察防油乳化电磁阀 DI 是否得电，观察一段时间后复位时间	防油乳化电磁阀 DI 显示高电平，听到车下排气声，司机台上风缸压力逐渐降低，小于 8.5 bar 后，防油乳化电磁阀 DI 显示低电平				
休眠	(31)降双弓，休眠列车	—				

注：表中阴影部分代表该车辆不存在当前测试项点。

5.4.12　静置制动试验

1. 初始条件

(1)列车休眠；

(2)接触网高压供电；

(3)所有车门关闭并锁好，均未解锁或切除。

2. 试验程序

静置制动试验程序见表 5.15。

表 5.15　静置制动试验程序

项目	操　　作	确　　认	MC1	MP1	MP2	MC2
零速测试	(1)两端 VOBC 切除开关 ATPFS 置[旁路]，在 MC1 车将 TAS 打到唤醒位，钥匙开关 KS 置于[ON]位	列车唤醒，MC1 车为激活司机室				
	(2)将两 MC 车网关阀断路器 GVCB、网关阀零速断路器 GVZSCB 置[OFF]	两 MC 车零速继电器 ZVR 失电				
	(3)将 MC1 车 GVCB、GVZSCB 置[ON]	两 MC 车 ZVR 得电				
	(4)将 MC1 车 GVCB、GVZSCB 置[OFF]	两 MC 车 ZVR 失电				

续上表

<table>
<tr><th>项目</th><th colspan="2">操　作</th><th colspan="4">确　认</th><th>MC1</th><th>MP1</th><th>MP2</th><th>MC2</th></tr>
<tr><td rowspan="2">零速测试</td><td colspan="2">(5)将 MC2 车 GVCB、GVZSCB 置[ON]</td><td colspan="4">两 MC 车 ZVR 得电</td><td></td><td></td><td></td><td></td></tr>
<tr><td colspan="2">(6)将两 MC 车 GVCB、GVZSCB 置[ON]</td><td colspan="4">—</td><td></td><td></td><td></td><td></td></tr>
<tr><td rowspan="8">DMYR 测试</td><td colspan="6">(7)DMYR 测试:继电器状态“1”为得电,“0”为失电,警惕按钮延时继电器 DMYR 在被切断电源后延时 3 s 后失电,测试如下:</td><td></td><td></td><td></td><td></td></tr>
<tr><td>紧急制动控制回路断路器 EBCB</td><td>两 MC 车的 GVCB、GVZSCB</td><td>警惕旁路开关 DMBPS</td><td>任意端 MC 警惕按钮</td><td>警惕功能测试按钮 TDMPB</td><td>DMYR</td><td></td><td></td><td></td><td></td></tr>
<tr><td>ON</td><td>OFF</td><td>正常</td><td>松开</td><td>松开</td><td>0</td><td></td><td></td><td></td><td></td></tr>
<tr><td>ON</td><td>OFF</td><td>正常</td><td>按下</td><td>松开</td><td>1</td><td></td><td></td><td></td><td></td></tr>
<tr><td>ON</td><td>OFF</td><td>旁路</td><td>松开</td><td>松开</td><td>1</td><td></td><td></td><td></td><td></td></tr>
<tr><td>ON</td><td>ON</td><td>正常</td><td>松开</td><td>按下</td><td>0</td><td></td><td></td><td></td><td></td></tr>
<tr><td>OFF</td><td>ON</td><td>正常</td><td>松开</td><td>松开</td><td>0(无失电延时)</td><td></td><td></td><td></td><td></td></tr>
<tr><td>ON</td><td>ON</td><td>正常</td><td>松开</td><td>松开</td><td>1</td><td></td><td></td><td></td><td></td></tr>
<tr><td rowspan="6">紧急制动测试</td><td colspan="2">(8)将 MC1 车紧急制动旁路开关 EBBS 置[旁路]</td><td colspan="4">制动旁路接触器 BBK 得电,蜂鸣器响,紧急制动缓解</td><td></td><td></td><td></td><td></td></tr>
<tr><td colspan="2">(9)拍下 MC1 车紧急制动按钮 EMPB</td><td colspan="4">BBK 失电,蜂鸣器响,紧急制动施加</td><td></td><td></td><td></td><td></td></tr>
<tr><td colspan="2">(10)恢复 EMPB、EBBS</td><td colspan="4">紧急制动施加</td><td></td><td></td><td></td><td></td></tr>
<tr><td colspan="2">(11)将 MC1 车方向手柄打到向前位,主手柄拉至快速制动位</td><td colspan="4">紧急制动接触器 EBK 得电,紧急制动继电器 EBR1、EBR2 得电,DDU 显示列车紧急制动缓解</td><td></td><td></td><td></td><td></td></tr>
<tr><td colspan="2">(12)将 MC1 车主手柄回至惰行位,拍下 MC1 车紧急制动按钮 EMPB</td><td colspan="4">DDU 显示列车紧急制动施加</td><td></td><td></td><td></td><td></td></tr>
<tr><td colspan="2">(13)恢复 MC1 车紧急制动按钮 EMPB,重新将主手柄拉到快速制动位</td><td colspan="4">DDU 显示列车紧急制动缓解</td><td></td><td></td><td></td><td></td></tr>
</table>

续上表

项目	操　作	确　认	MC1	MP1	MP2	MC2
紧急制动测试	(14)主手柄恢复至惰行位，按下警惕测试按钮TDMPB超过3 s	列车紧急制动施加				
	(15)主手柄重新拉到快速制动位	列车紧急制动缓解				
	(16)隔离MC1与MP1之间的总风隔断塞门	列车紧急制动缓解				
	(17)主手柄打到惰行位，打开MC1车主风缸的排水阀，直到主风管压力低于6 bar	DDU显示列车紧急制动施加				
	(18)将MC1、MC2车总风缸欠压旁路开关LMRGBS置[旁路]	DDU显示列车紧急制动缓解				
	(19)将MC1、MC2车LMRGBS置[正常]，恢复总风隔断塞门	DDU显示列车紧急制动施加				
	(20)升弓，空压机启动打气直到自动停止	—				
	(21)降弓，方向手柄拉到0位，主手柄置惰行位	—				
	(22)断开紧急制动控制回路断路器EBCB，用短接线短接司机室右侧电气柜供电点位TB04CREC/K04和TB04CRECP/K1A	—				
	(23)闭合EBCB	VCU触发紧急制动继电器VCUEBR得电				
	(24)方向向前，手柄拉到快速制动	紧急制动无法缓解				
	(25)紧急牵引开关EMTS置[紧急牵引]	紧急制动缓解				
	(26)方向手柄拉到0位，主手柄置惰行位，EMTS置[正常]	—				
	(27)断开EBCB，拔除TB04CREC/K03与TB04CRECP/K1A短接线，闭合EBCB	—				

续上表

项目	操　作	确　认	MC1	MP1	MP2	MC2
停放制动测试	(28)按下 MC1 车停放制动按钮 PBPB	停放制动按钮红灯亮，MC1 车停放制动接触器 PBK 得电，所有停放制动缓解继电器 APBRR 失电，DDU 显示列车停放制动施加				
	(29)再次按下弹起停放制动按钮	停放制动按钮绿灯亮，MC1 车 PBK 失电，APBRR 得电，DDU 显示列车停放制动缓解				
	(30)联挂控制开关 CTS 置[连挂停放]	停放制动施加				
	(31)CTS 置[正常]	停放制动缓解				
	(32)将 MC2 车停放制动状态断路器 AAPBRCB 置[OFF]	MC1 车 APBRR 失电，按钮红灯亮				
	(33)将 MC2 车 APBRCB 置[ON]	MC1 车 APBRR 得电，按钮绿灯亮				
	(34)利用隔离手柄隔离 MC1 车停放制动	MC1 车停放制动切除				
	(35)将 MC1 车停放制动隔离手柄恢复正常位置	MC1 车停放制动缓解				
	(36)利用隔离手柄隔离 MP1 车停放制动	MP1 车停放制动切除				
	(37)将 MP1 车停放制动隔离手柄恢复正常位置	MP1 车停放制动缓解				
常用制动	(38)在 MC1 车将方向手柄打到向前位，司控器手柄拉到快速制动位	紧急制动缓解，所有制动施加灯 ABAI 红灯亮，ABRI 绿灯灭，确认车下各转向架闸片抱死				
	(39)将手柄推到牵引位，按下远程缓解按钮 RRPB 不放	MC1 车所有制动缓解继电器 ABRR 得电，ABAI 红灯灭，ABRI 绿灯亮，DDU 显示每个车常用制动缓解，车下各转向架闸片松开，每节车的制动缓解继电器 BRR1 和 BRR2 得电				
	(40)松开远程缓解按钮 RRPB，手柄回惰行位	—				
	(41)将 MC1 车 2 个制动隔离阀打到隔离位	DDU 显示 MC1 车转向架 1、2 制动隔离				
	(42)恢复 MC1 车制动隔离阀	MC1 车制动施加				

续上表

项目	操　　作	确　　认	MC1	MP1	MP2	MC2
常用制动	(43)将 MP1 车 2 个制动隔离阀打到隔离位	DDU 显示 MP1 车转向架 1、2 制动隔离				
	(44)恢复 MP1 车制动隔离阀	MP1 车制动施加				
	(45)将 MC2 车制动状态回路断路器 BSCB 置[OFF]	MC1 车 ABAI 红灯灭				
	(46) MC2 车 BSCB 置[ON]	—				
换端操作	(47)在 MC2 车上重复步骤(1)～(46)，其中 MC1 和 MC2、MP1 和 MP2 互换	结果相同				

注:表中阴影部分代表该车辆不存在当前测试项点。

5.4.13　牵引授权

1. 初始条件

(1)列车休眠。

(2)接触网高压供电。

(3)所有车门关闭并锁好,均未解锁或切除。

(4)试验前将主风管气充满。注意:除非列车主风管低压,否则禁止升弓。如果升弓,请确认主手柄不在牵引位,推主手柄至牵引位务必请降弓。

(5)列车车轮处已放置止轮器。

2. 试验程序

牵引授权试验程序见表 5.16。

表 5.16　牵引授权试验程序

项目	操　　作	确　　认	MC1	MP1	MP2	MC2
准备	(1)两端 VOBC 切除开关 ATPFS 置[旁路],蓄电池电压不低于 91 V,唤醒列车	—				
	(2)将 MC1 车司控器钥匙置[ON]	MC1 车钥匙继电器 KSR1、KSR2 得电,MC2 车钥匙互锁继电器 KSLR 得电,确认司控台上所有门关好指示灯亮,停放制动缓解,零速继电器 ZVR 得电				

续上表

项目	操　　作	确　　认	MC1	MP1	MP2	MC2
方向	(3)方向手柄置[向前]	MC1 车向前位继电器 FPR 得电，MC2 车向后位继电器 RPR 得电				
	(4)方向手柄置[向后]	MC1 车 RPR 得电，MC2 车 FPR 得电				
制动	(5)方向手柄置[向前]，手柄置[100%制动]位，测量 MC2 车司机室激活继电器 COR5/D2 上电压	电压约 0 V				
	(6)主手柄推到 0 位，测量 MC2 车 COR5/D2 上电压	电压约 110 V				
	(7)手柄置[制动]位，测量 MC2 车 COR8/B2 上电压	常用制动命令继电器 BDR 失电，MC2 车 COR8/B2 上电压约 0 V				
	(8)主手柄推到牵引位，测量 MC2 车 COR8/B2 上电压	BDR 得电，MC2 车 COR8/B2 上电压约 110 V				
快速制动	(9)主手柄拉到快速制动位	紧急制动缓解				
	(10)主手柄推到 0 位	—				
牵引	(11)主手柄推到牵引位，测量 MC2 车司机室右侧电器柜内牵引列车线 TB04CREC/Q13 上电压	电压约 110 V				
	(12)主手柄拉到制动位，测量 MC2 车 TB04CREC/Q13 上电压	电压约 0 V				
	(13)确认所有门关好，停放制动缓解；主手柄推到牵引位，将两 MC 车 ATPFS 置[正常]，测量 MC2 车 TB04CREC/Q13 上电压	电压约 0 V				
	(14)将 MC1 车 ATPFS 置[旁路]，缓解紧急制动，手柄推置牵引位，测量 MC2 车 TB04CREC/Q13 上电压	电压约 110 V				
	(15)断开 MC2 车左侧门关到位断路器 CLCB_L，测量 MC2 车 TB04CREC/Q13 上电压	电压约 0 V				

续上表

项目	操　　作	确　　认	MC1	MP1	MP2	MC2
牵引	(16)闭合 MC2 车 CLCB_L，测量 MC2 车 TB04CREC/Q13 上电压	电压约 110 V				
	(17)断开 MC2 车右侧门关到位断路器 CLCB_R，测量 MC2 车 TB04CREC/Q13 上电压	电压约 0 V				
	(18)将 MC1 车门关好旁路开关 DBPS 置[旁路]，测量 MC2 车 TB04CREC/Q13 上电压	电压约 110 V				
	(19)恢复 MC2 车 CLCB_R，将 MC1 车 DBPS 置[正常]	—				
	(20)断开 MC2 车停放制动状态断路器 APBRCB，测量 MC2 车 TB04CREC/Q13 上电压	电压约 0 V				
	(21)将 MC1 车停放制动缓解旁路开关 PBRBPS 置[旁路]，测量 MC2 车 TB04CREC/Q13 上电压	电压约 110 V				
	(22)闭合 MC2 车 APBRCB，将 MC1 车 PBRBPS 置[正常]	—				
紧急牵引	(23)方向手柄向后，将 MC1 车紧急牵引开关 EMTS 置[紧急牵引]，手柄拉到制动位	两 MC 车 EMTR 得电				
	(24)测量 MC2 车紧急牵引继电器 EMTR/C2 上电压	电压约 110 V				
换端休眠	(25)将 MC1 车 EMTS 置[0]，手柄回 0 位，断开钥匙，休眠	列车休眠				
	(26)在 MC2 车上重复步骤(1)～(25)，其中将 MC1 和 MC2 互换	结果一样				

注：表中阴影部分代表该车辆不存在当前测试项点。

5.4.14　DDU 测试

1. 试验工具、设备

对讲机、短接线、万用表。

2. 初始条件

(1)列车休眠；

(2)接触网高压供电；

(3)所有车门关闭并锁好，均未解锁或切除。

3. 试验程序

DDU 测试试验程序见表 5.17。

表 5.17　DDU 测试试验程序

项目	操　作	确　认	MC1	MP1	MP2	MC2
准备	(1)在 MC1 车将列车激活开关 TAS 置[唤醒]位，KS 置[ON]位	列车唤醒，MC1 车司机室激活				
主界面	(2)默认界面	显示屏上电启动程序成功后默认进入主界面 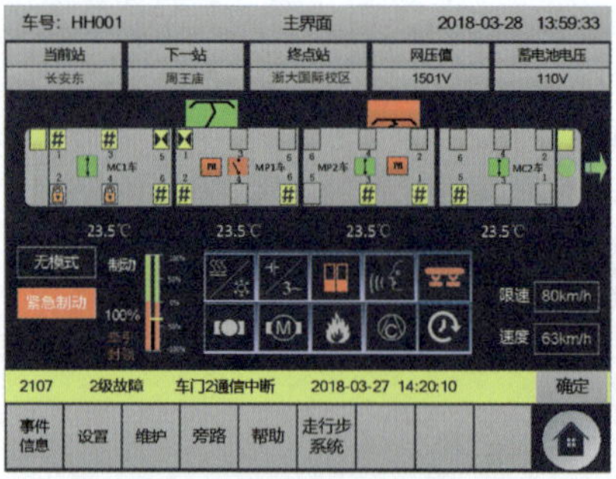				
	(3)标题区	标题栏中包括该车号、界面的名称、实际日期与时间				
	(4)站点信息区	站点信息位于标题栏下方，在左侧显示当前站、下一站、终点站信息，右侧显示当前列车的网压值和蓄电池电压值 				

续上表

项目	操　　作	确　　认	MC1	MP1	MP2	MC2
主界面	(5)车组区	车辆为 4 节编组；位于站点信息区下方的车组区根据选择的画面显示实际信息，包括有受电弓状态、车门状态、高速断路器状态和各车厢的设定温度；前方目的地定义为右侧，司机的位置用符号显示 ，表示列车运行方向 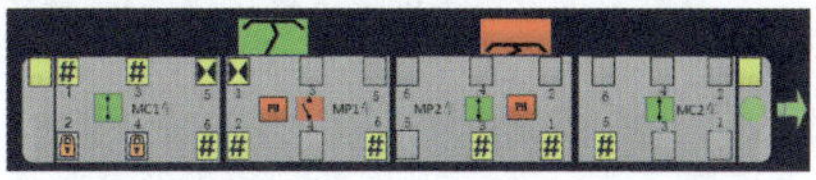				
	(6)过程值区	列车实际速度、限制速度、牵引制动百分比/快速制动在此区域显示以供司机参考。列车实际牵引/制动百分比用柱状图与数字表示，指针在上方是牵引，在下方是制动/快速制动				
	(7)功能概览区	在显示画面的中间区域，布置有 10 个矩形按钮。这些按钮里的图标描绘了相应操作画面的意义。这些图标的颜色代表了相应部件的状态，例如“红色”表示故障，“黄色”表示警告。“触摸”按钮，将显示相应的操作画面。选择后，按钮的背景色将会改变 				
	(8)状态区	此行显示列车运行状态，部分状态处于同一位置，当几个状态同时出现时，优先级较高的将被显示。模式状态优先级为紧急牵引、洗车模式、ATP 切除、AM 模式、CM 模式、RM 模式、无人折返模式。紧急制动施加符号含义为紧急制动施加（紧急制动缓解则消失）				

续上表

<table>
<tr><th>项目</th><th>操　作</th><th>确　认</th><th>MC1</th><th>MP1</th><th>MP2</th><th>MC2</th></tr>
<tr><td rowspan="2">主界面</td><td>(9)故障提示区</td><td>当列车部件发生故障时需对列车进行故障评估，根据客户对故障等级的定义，对故障进行分级。根据故障等级，给司机提供合适的操作提示。提示区显示最早发生的故障，新发生的故障存储在缓存区，当前消息被确认后，新故障会一条一条显示出来，直到缓存区清空。故障提示区显示当前故障的故障编号、故障等级、故障详细信息、故障发生时间等信息。
故障分为三级，级别用颜色区分：
(1)“1级故障”为“严重故障”，如果运行，乘客必须在下一站下车，列车不再运行，必须立即离开运行线路进行维护；
(2)“2级故障”为“中级故障”，列车可以受限运行(例如降低最大速度)；
(3)“3级故障”为“轻级故障”，此故障对列车的运行没有很严重的影响(例如，舒适性功能故障，到站广播)；列车在完成当天运行后需维护</td><td></td><td></td><td></td><td></td></tr>
<tr><td>(10)导航栏区</td><td>不同页面导航栏内按钮意义不同，具体功能说明如下：
<table>
<tr><th>按键图标</th><th>说明</th></tr>
<tr><td></td><td>返回默认页面</td></tr>
<tr><td></td><td>进入事件信息页面(设置、维护、旁路、帮助页面同理)</td></tr>
<tr><td></td><td>向前翻页</td></tr>
<tr><td></td><td>向后翻页</td></tr>
<tr><td></td><td>返回上级菜单</td></tr>
<tr><td></td><td>确认本页面操作</td></tr>
<tr><td></td><td>无路旁信号</td></tr>
<tr><td></td><td>至少有一个路旁信号</td></tr>
</table></td><td></td><td></td><td></td><td></td></tr>
</table>

续上表

<table>
<tr><th>项目</th><th>操　作</th><th>确　认</th><th>MC1</th><th>MP1</th><th>MP2</th><th>MC2</th></tr>
<tr><td>主界面</td><td>(11)颜色方案</td><td>
<table>
<tr><th>颜色示例</th><th>说明</th></tr>
<tr><td></td><td>司机页面中按键按下
(其他按键同图示)</td></tr>
<tr><td></td><td>司机页面中按键抬起
(其他按键同图示)</td></tr>
<tr><td></td><td>系统正常、运行或激活</td></tr>
<tr><td></td><td>系统运行中出现故障</td></tr>
<tr><td></td><td>系统运行中出现警告</td></tr>
<tr><td>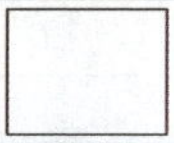</td><td>系统离线或未激活</td></tr>
<tr><td></td><td>数据录入按钮</td></tr>
<tr><td></td><td>设置按钮抬起</td></tr>
<tr><td></td><td>设置按钮按下</td></tr>
</table>
</td><td></td><td></td><td></td><td></td></tr>
<tr><td rowspan="2">DDU试验</td><td>(12)点击 DDU 屏下部导航键</td><td>DDU 显示切换到相应界面</td><td></td><td></td><td></td><td></td></tr>
<tr><td>(13)点击[牵引]</td><td>确认 DDU 显示牵引系统无故障。牵引符号含义和按钮状态如下表：
<table>
<tr><th>优先级</th><th>符号</th><th>指示状态</th></tr>
<tr><td>1</td><td></td><td>牵引离线</td></tr>
<tr><td>2</td><td></td><td>牵引故障</td></tr>
<tr><td>3</td><td></td><td>牵引激活(加速/减速),无故障</td></tr>
<tr><td>4</td><td></td><td>牵引断开,无故障</td></tr>
</table>
</td><td></td><td></td><td></td><td></td></tr>
</table>

续上表

<table>
<tr><th>项目</th><th>操　　作</th><th>确　　认</th><th>MC1</th><th>MP1</th><th>MP2</th><th>MC2</th></tr>
<tr><td rowspan="2">DDU
试验</td><td>(13)点击[牵引]</td><td>
<table>
<tr><th>优先级</th><th>符号</th><th>指示状态</th></tr>
<tr><td>1</td><td></td><td>至少一个牵引单元故障或与 VCU 的 MVB 通信故障</td></tr>
<tr><td>2</td><td></td><td>至少一个牵引电制动切除</td></tr>
<tr><td>3</td><td></td><td>牵引无故障</td></tr>
</table>
</td><td></td><td></td><td></td><td></td></tr>
<tr><td>(14)点击[制动]</td><td>
确认 DDU 显示制动系统无故障。制动符号含义和按钮状态如下表：
<table>
<tr><th>优先级</th><th>符号</th><th>指示状态</th></tr>
<tr><td>1</td><td></td><td>制动切除</td></tr>
<tr><td>2</td><td></td><td>制动故障</td></tr>
<tr><td>3</td><td></td><td>常用制动施加</td></tr>
<tr><td>4</td><td></td><td>常用制动缓解</td></tr>
<tr><td>5</td><td></td><td>停放制动施加</td></tr>
<tr><td>6</td><td></td><td>停放制动缓解</td></tr>
</table>
<table>
<tr><th>优先级</th><th>符号</th><th>指示状态</th></tr>
<tr><td>1</td><td></td><td>制动故障故障</td></tr>
<tr><td>2</td><td></td><td>有转向架切除</td></tr>
<tr><td>3</td><td></td><td>无故障</td></tr>
</table>
</td><td></td><td></td><td></td><td></td></tr>
</table>

续上表

<table>
<tr><th>项目</th><th>操　作</th><th>确　认</th><th>MC1</th><th>MP1</th><th>MP2</th><th>MC2</th></tr>
<tr><td>DDU试验</td><td>(15)点击[辅助]</td><td>确定 DDU 显示辅助无故障。辅助符号含义和按钮状态如下表：
<table>
<tr><th>优先级</th><th>符号</th><th>指示状态</th></tr>
<tr><td>1</td><td></td><td>辅逆/充电机离线</td></tr>
<tr><td>2</td><td> 或 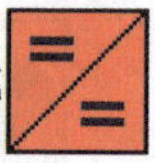</td><td>辅逆/充电机故障</td></tr>
<tr><td>3</td><td> 或 </td><td>辅逆/充电机停止</td></tr>
<tr><td>4</td><td> 或 </td><td>辅逆/充电机工作中</td></tr>
</table>
<table>
<tr><th>优先级</th><th>符号</th><th>指示状态</th></tr>
<tr><td>1</td><td></td><td>至少一个辅逆/充电机故障</td></tr>
<tr><td>2</td><td></td><td>至少一个辅逆/充电机切除</td></tr>
<tr><td>3</td><td></td><td>无故障</td></tr>
</table>
</td><td></td><td></td><td></td><td></td></tr>
</table>

续上表

<table>
<tr><th>项目</th><th>操　作</th><th>确　认</th><th>MC1</th><th>MP1</th><th>MP2</th><th>MC2</th></tr>
<tr><td>DDU试验</td><td>(16)点击[空调]</td><td>确认 DDU 显示空调系统无故障。空调符号含义、压箱机运行图标和按钮状态如下表：
<table>
<tr><th>优先级</th><th>符号</th><th>指示状态</th></tr>
<tr><td>1</td><td></td><td>离线</td></tr>
<tr><td>2</td><td></td><td>故障</td></tr>
<tr><td>3</td><td></td><td>紧急通风</td></tr>
<tr><td>4</td><td></td><td>预冷</td></tr>
<tr><td>5</td><td></td><td>自动</td></tr>
<tr><td>6</td><td></td><td>手动冷</td></tr>
<tr><td>7</td><td></td><td>预暖</td></tr>
<tr><td>8</td><td></td><td>手动暖</td></tr>
<tr><td>9</td><td></td><td>通风</td></tr>
<tr><td>10</td><td></td><td>停机</td></tr>
<tr><td>11</td><td>减载</td><td>当前车辆处于扩展供电状态</td></tr>
</table></td><td></td><td></td><td></td><td></td></tr>
</table>

续上表

<table>
<tr><th>项目</th><th>操　作</th><th>确　认</th><th>MC1</th><th>MP1</th><th>MP2</th><th>MC2</th></tr>
<tr><td rowspan="2">DDU试验</td><td>(16)点击[空调]</td><td>
<table>
<tr><th>优先级</th><th>符号</th><th>指示状态</th></tr>
<tr><td>1</td><td></td><td>空压机状态未知</td></tr>
<tr><td>2</td><td></td><td>空气压缩机未正常供电或未正常启动</td></tr>
<tr><td>3</td><td></td><td>空气压缩机运行</td></tr>
</table>
<table>
<tr><th>优先级</th><th>符号</th><th>指示状态</th></tr>
<tr><td>1</td><td></td><td>至少一个空调故障或离线</td></tr>
<tr><td>2</td><td></td><td>无故障</td></tr>
</table>
</td><td></td><td></td><td></td><td></td></tr>
<tr><td>(17)点击[事件信息]</td><td>该界面用于显示车辆历史故障,包含故障发生时间、解除时间、故障代码、名称、位置以及操作提示信息,出现的故障消息(最多 999 条)在清单中显示,最多可显示 9 行。可用▼▼,▲▲按钮滚动清单,事件按等级划分用红色、黄色、白色字体来区别,严重等级依次降低。直接点击消息,选中的消息按照相应的背景颜色显示。
与高亮显示的消息相关的车也将高亮显示。如果高亮显示的消息与整列车有关,将导致所有车用相应颜色高亮显示。
所选消息详细的注释或说明在显示器的较下端区域显示</td><td></td><td></td><td></td><td></td></tr>
</table>

续上表

<table>
<tr><th>项目</th><th>操　作</th><th>确　认</th><th>MC1</th><th>MP1</th><th>MP2</th><th>MC2</th></tr>
<tr><td rowspan="2">DDU试验</td><td>(17)点击[事件信息]</td><td>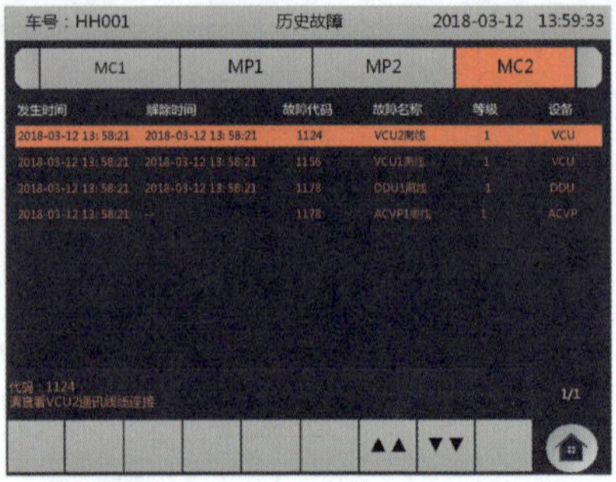
</td><td></td><td></td><td></td><td></td></tr>
<tr><td>(18)点击[设置]</td><td>设置画面总览，点击相应的按钮进入详细的设置画面。登录界面按键说明如下表：
<table>
<tr><th>按键图标</th><th>说明</th></tr>
<tr><td>
</td><td>按下按键进入空调设定界面</td></tr>
<tr><td>
</td><td>按下按键进入时间设定界面</td></tr>
<tr><td>
</td><td>按下按键进入亮度调节界面</td></tr>
<tr><td>
</td><td>按下按键进入制动自检界面</td></tr>
<tr><td>
</td><td>按下按键进入切除设置界面</td></tr>
<tr><td>
</td><td>按下按键进入半自动报站界面</td></tr>
</table></td><td></td><td></td><td></td><td></td></tr>
</table>

续上表

<table>
<tr><th>项目</th><th>操　　作</th><th>确　　认</th><th>MC1</th><th>MP1</th><th>MP2</th><th>MC2</th></tr>
<tr><td rowspan="3">DDU试验</td><td>(19)点击[维护]</td><td>维护界面包括车号展示与按键区
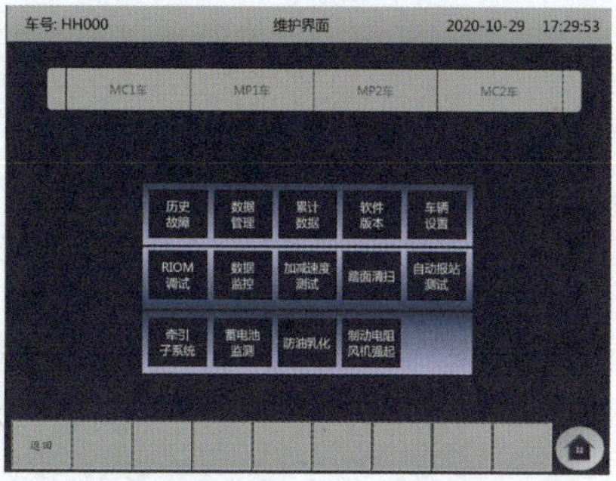
</td><td></td><td></td><td></td><td></td></tr>
<tr><td>(20)点击[旁路]</td><td><table><tr><th>优先级</th><th>符号</th><th>指示状态</th></tr><tr><td>1</td><td>旁路</td><td>旁路按钮按下</td></tr><tr><td>2</td><td>未旁路</td><td>旁路按钮未按下</td></tr></table>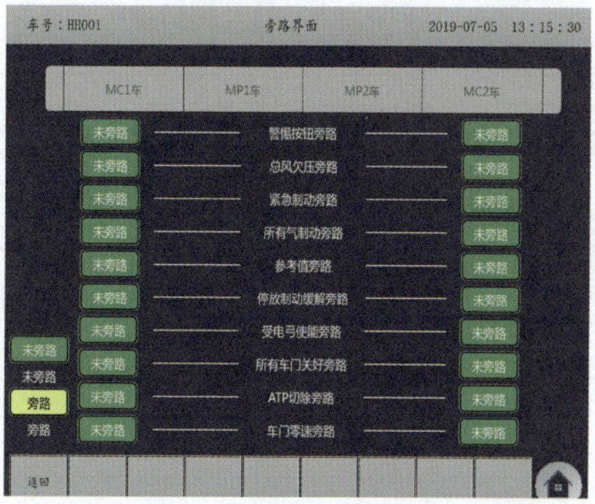
</td><td></td><td></td><td></td><td></td></tr>
<tr><td>(21)点击[帮助]</td><td>帮助界面显示界面的帮助信息,方便司机和调试人员理解显示屏界面图标等信息的含义</td><td></td><td></td><td></td><td></td></tr>
</table>

续上表

项目	操　　作	确　　认	MC1	MP1	MP2	MC2
多功能车辆总线MVB通信	（22）查看 MVB 通信界面	DDU 显示 MVB 网络通信正常 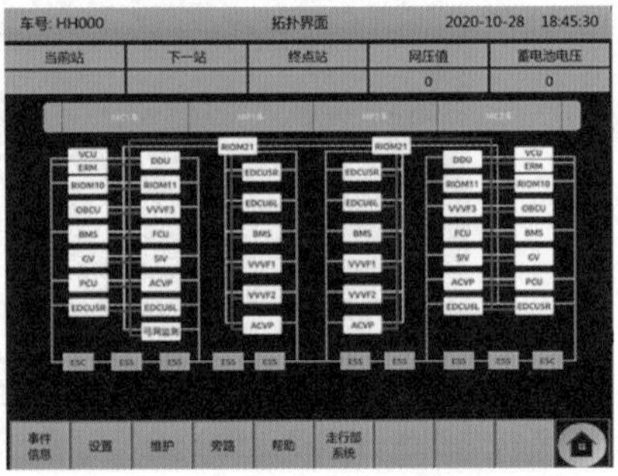 				
AB通道冗余及VCU冗余	（23）拆掉列车控制单元VCU 主机上 MVB 网络连接器 CM02CCUX5，观察 MVB 通信界面	DDU 显示 MVB 网络通信正常，不受拆卸连接器的影响				
	（24）恢复 CM02CCUX5 连接器，拆除 CM02CCUX6 连接器，观察 MVB 通信界面	DDU 显示 MVB 网络通信正常，不受拆卸连接器的影响				
	（25）恢复 CM02CCUX6 连接器	DDU 显示 MVB 网络通信正常				
	（26）断开 MC1 车 VCU 断路器 VCUCB1	断电的网络系统 VCU 故障，但 DDU 显示 MVB 网络通信正常				
	（27）恢复 MC1 车 VCUCB1	DDU 显示 MVB 网络通信正常				
	（28）断开 MC2 车 VCUCB1	断电的 VCU 故障，但 DDU 显示 MVB 网络通信正常				
	（29）恢复 MC2 车 VCUCB1	DDU 显示 MVB 网络通信正常				

注：表中阴影部分代表该车辆不存在当前测试项点。

5.4.15 车钩试验

1. 初始条件

(1)确认紧急制动按钮 EMPB 拔起；

(2)合上 CREC 柜列车联挂回路断路器 CTCB、解钩回路断路器 CUCB；

(3)列车主风管压力不低于 9 bar；

(4)列车车轮处已放置止轮器。

车钩连接器示意如图 5.1 所示。

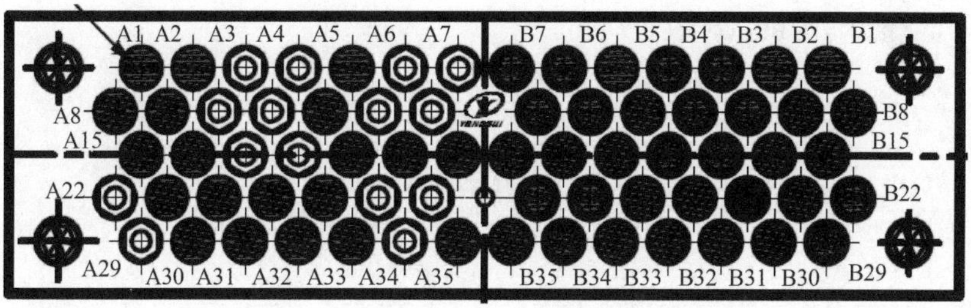

图 5.1　车钩连接器示意

2. 试验程序

车钩试验程序见表 5.18。

表 5.18　车钩试验程序

项目	操　　作	确　　认	MC1	MP1	MP2	MC2
PIS 通信网线校对	(1)检查车钩连接器母头 B6 点位(CFCUP1_1/B6)、车钩连接器公头 A6 点位(CMCUP1_1/A6)、司机室 PIS 主机连接器公头 1 点位(CM02PCUX05/1)之间是否导通	导通				
	(2)检查车钩连接器母头 B7 点位(CFCUP1_1/B7)、车钩连接器公头 A7 点位(CMCUP1_1/A7)、司机室 PIS 主机连接器公头 2 点位(CM02PCUX05/2)之间是否导通	导通				

续上表

项目	操　作	确　认	MC1	MP1	MP2	MC2
短接线连接	(3)用带开关的短接线 1 短接 MC1 车车钩连接器公头 CMCUP 的 B3 和 B4,开关置[OFF]	—				
	(4)用带开关的短接线 2 短接 MC1 车车钩连接器公头 A17 点位(CMCUPA17)和车钩连接器母头 B17 点位(CFCUPB17),开关置[OFF]	—				
	(5)用带开关的短接线 3 短接 MC1 车车钩连接器公头 A18 点位(CMCUPA18)和车钩连接器母头 B18 点位(CFCUPB18),开关置[OFF]	—				
联挂控制	(6)在 MC1 车,将列车激活开关[TAS]置[ON],将钥匙开关[KS]置[ON]	MC1 车司机室激活;MC1 车联挂继电器 CTR1、CTR2 不得电;解钩按钮[UNPB]指示灯不亮				
	(7)在 MC1 车,将短接线 1 开关置[ON]位,将联挂控制开关[CTS]置[高加速]位	MC1 车联挂继电器 CTR1、CTR2 得电,延时约 2 s CTR 得电;解钩按钮[UNPB]指示灯亮(白色)				
	(8)联挂控制开关 CTS 置[连挂停放]	MC1 车联挂继电器 CTR1、CTR2 得电				
停放制动测试	(9)按下停放制动按钮 PBPB	按钮按下,停放制动施加,分别测量车钩连接器公头 A10 点位(CMCUP/A10)和车钩连接器公头 B10 点位(CMCUP/B10)为 DC 110 V				
	(10)按下停放制动按钮 PBPB	按钮弹起,停放制动缓解,分别测量车钩连接器公头 A10 点位(CMCUP/A10)和车钩连接器公头 B10 点位(CMCUP/B10)为 0 V				
	(11)短接线 1 开关置[OFF]	联挂继电器 CTR1、CTR2 失电,停放制动施加				

续上表

项目	操　　作	确　　认	MC1	MP1	MP2	MC2
紧急制动	(12)方向手柄置[向前],司控器手柄置[快速制动]	紧急制动缓解				
	(13)短接线1开关置[ON]	紧急制动施加				
	(14)短接线2、3开关置[ON]	紧急制动按钮继电器EMPBR得电,紧急制动缓解				
解钩测试	(15)在MC1车,按下[解钩按钮UNPB]	MC1车听到车钩动作,[电磁阀EUMV]排气声				
	(16)在MC1车,恢复[解钩按钮UNPB]	—				
恢复操作	(17)将短接线1～3的开关置[OFF]位,[KS]置[OFF]位,休眠列车,取下所有短接线	—				
换端操作	(18)在MC2车上重复以上步骤(1)～(17),将MC1替换为MC2	结果相同				

注:表中阴影部分代表该车辆不存在当前测试项点。

5.4.16　牵引制动检查

1. 初始条件

(1)高压网供电,列车唤醒;

(2)车下确认所有箱盖关闭,锁好;

(3)车下确认轨道上无止轮器等异常物品;

(4)车下确认无操作人员作业;

(5)车辆运动区域布置隔离带,或专人负责车下安全,在运动过程中确保有足够的安全距离制动;

(6)两个司机室必须各有一个司机,动车前保证前方没有闲杂人员,车辆速度保持在5 km/h以内。

2. 试验程序

牵引制动检查试验程序见表5.19。

表 5.19 牵引制动检查试验程序

项目	操　　作	确　　认	MC1	MP1	MP2	MC2
准备	(1)将 MC1 车 KS 置[ON]位	受电弓升起				
列车点动检查	(2)将 MC1 车紧急牵引开关 EMTS 置[紧急牵引],合上 MC1 车牵引逆变器断路器 TCCB3,断开 MP1、MP2 车的断路器 TCCB1、TCCB2,断开 MC2 车 TCCB3,升双弓	—				
	(3)方向向前,按下高速断路器闭合按钮 HSCBCPB,手柄拉到快速制动位后缓解紧急制动	紧急制动缓解				
	(4)按下警惕按钮 DMS,缓缓推主手柄逐渐增大牵引力,直到列车可以牵引移动	列车向前动作,所有车轮运转方向一致,制动电阻风机转向正确				
	(5)将手柄拉到制动位	列车停止				
	(6)方向手柄置[向后]位,手柄拉到快速制动位后缓解紧急制动,按下 DMS,缓缓推主手柄逐渐增大牵引力,直到列车可以牵引移动	列车向后动作,所有车轮运转方向一致				
	(7)将手柄拉到制动位	列车停止				
	(8)将手柄回到惰行位,按下高速断路器断开按钮 HSCBOPB	—				
	(9)合上 MP1 车 TCCB1、TCCB2,断开 MC1 车 TCCB3,缓解紧急制动,重复步骤(3)～(8)	结果与上述相同				
	(10)合上 MP2 车 TCCB1、TCCB2,断开 MP1 车 TCCB1、TCCB2,缓解紧急制动,重复步骤(3)～(8)	结果与上述相同				
	(11)合上 MC2 车 TCCB3,断开 MP2 车 TCCB1、TCCB2,缓解紧急制动,重复步骤(3)～(8)	结果与上述相同				
	(12)将 MC1 车钥匙开关 KS 置[OFF]位,MC2 车钥匙开关 KS 置于[ON]位,重复步骤(1)～(11)	—				

注:表中阴影部分代表该车辆不存在当前测试项点。

5.5 动态调试试验

5.5.1 试验工具、设备

2 台电脑,2 根数据线。

5.5.2 初始条件

(1)牵引制动检查完成。

(2)列车具备动调条件。

(3)当列车进行动态试验时,要保证调试轨道上有足够的剩余长度来满足停车距离的需要。

(4)由于车辆的实际速度无法达到理论速度,所以在测得实际速度和实际距离时,使用下式修正:

$$L_1 = L \times \frac{3.92 \times (1+R_0) \times V_0^2}{[3.92 \times (1+R_0) \times V^2]}$$

式中 L_1——修正后的制动距离(m);

L——实测制动距离(m);

V_0——目标初速度(km/h);

V——实际初速度(km/h);

R_0——转动惯量,取 $R_0=0.08$。

(5)轨面黏着条件良好,试验不能在有低黏着危险或对试验结果有较大影响条件下进行,如雨天和风力在三级以上的天气。

5.5.3 试验程序

动态调试试验程序见表 5.20。

表 5.20 动态调试试验程序

项目	操作	确认	MC1	MP1	MP2	MC2
车辆检查	(1)在列车拖出调试库之前,进行以下项目确认; ①车顶上无异物; ②检查列车底架的低压箱、牵引变流器箱、辅助逆变器箱等设备盖是否已经安装固定好;					

续上表

项目	操　作	确　认	MC1	MP1	MP2	MC2
车辆检查	③两辆车之间的跨接线、车钩、风挡的连接状态无异常； ④所有转向架的空气弹簧工作正常； ⑤所有制动系统工作正常； ⑥所有隔墙柜、低压柜、空调柜等断路器、开关、按钮全部正常； ⑦所有隔离开关均处于正常位(除 ATPFS)； ⑧车上所有电气柜的柜门关上并固定好； ⑨所有车门关闭并锁紧； ⑩拖车前隔离所有车的制动，确认所有车闸片已脱离轮轨接触面； ⑪当车辆拖到动调线起始区域后，恢复所有车的制动					
功能试验	(2)唤醒激活，升双弓，设置轮径为 840 mm	—				
	(3)在 DDU 上对列车进行制动自检	制动自检成功				
	(4)方向向前，按下 HSCBCPB，缓解紧急制动，推牵引列车速度控制在 5 km/h 进行巡道	确认动调线无异常，接触网正常				
	(5)将 EMTS 置于[紧急牵引]位，方向手柄置向前位，主手柄置于牵引位	列车速度控制在 60 km/h 左右				
	(6)制动停车	—				
	(7)方向手柄置[向后]位，主手柄置于全牵引位	列车速度限制在 10 km/h 左右				
	(8)停车	—				
	(9)EMTS 置于[洗车]模式，方向手柄置[向前]位，主手柄推牵引	列车速度限制在 3 km/h 左右				
	(10)停车	—				
	(11)方向手柄置[向后]位，主手柄推牵引	列车速度控制不超过 3 km/h				
	(12)停车	—				
	(13)EMTS 置[正常]，方向手柄置[向后]位，主手柄推牵引	列车速度限制在 10 km/h 左右				
	(14)停车	—				
	(15)将 ABRBS 置[旁路]，方向手柄置[向前]位，主手柄推牵引	列车速度限制在 40 km/h 左右				

续上表

<table>
<tr><th>项目</th><th>操　　作</th><th colspan="3">确　　认</th><th>MC1</th><th>MP1</th><th>MP2</th><th>MC2</th></tr>
<tr><td rowspan="2">功能试验</td><td>(16)停车</td><td colspan="3">—</td><td></td><td></td><td></td><td></td></tr>
<tr><td>(17)将 ABRBS 置[正常]</td><td colspan="3">—</td><td></td><td></td><td></td><td></td></tr>
<tr><td rowspan="11">牵引性能试验</td><td>(18)将列车牵引到试验起始区域</td><td colspan="3">尽量利用线路长度开始动调</td><td></td><td></td><td></td><td></td></tr>
<tr><td>(19)方向向前,牵引手柄拉到[快速制动]位</td><td colspan="3">紧急制动缓解</td><td></td><td></td><td></td><td></td></tr>
<tr><td>(20)将牵引手柄拉到[0]位,开始记录</td><td colspan="3">—</td><td></td><td></td><td></td><td></td></tr>
<tr><td>(21)将牵引推到最大牵引位,直至列车速度达到 60 km/h</td><td colspan="3">列车速度达到 60 km/h</td><td></td><td></td><td></td><td></td></tr>
<tr><td>(22)确认列车速度 60 km/h 后,惰行 3 s,停止记录,快速制动停车</td><td colspan="3">列车停下来</td><td></td><td></td><td></td><td></td></tr>
<tr><td>(23)将列车牵引至起始区域,重复以上步骤 3 次</td><td colspan="3">—</td><td></td><td></td><td></td><td></td></tr>
<tr><td>(24)更改速度值为 120 km/h,重复步骤(18)～(23)</td><td colspan="3">—</td><td></td><td></td><td></td><td></td></tr>
<tr><td colspan="4">(25)将记录的数据用“动调数据计算表格”处理后填入下表</td><td></td><td></td><td></td><td></td></tr>
<tr><td>理论值</td><td>记录值 1</td><td>记录值 2</td><td>记录值 3</td><td></td><td></td><td></td><td></td></tr>
<tr><td>平均启动加速度(0～60 km/h)≥1.0 m/s²</td><td></td><td></td><td></td><td></td><td></td><td></td><td></td></tr>
<tr><td>平均加速度(0～120 km/h)≥0.6 m/s²</td><td></td><td></td><td></td><td></td><td></td><td></td><td></td></tr>
<tr><td rowspan="6">紧急制动动态试验</td><td>(26)方向向前,牵引手柄拉到快速制动位</td><td colspan="3">紧急制动缓解</td><td></td><td></td><td></td><td></td></tr>
<tr><td>(27)将牵引手柄推到最大牵引位</td><td colspan="3">列车向前加速运行</td><td></td><td></td><td></td><td></td></tr>
<tr><td>(28)列车速度为 60 km/h 时,将牵引手柄[0]位,开始记录,松开 DMS</td><td colspan="3">列车紧急制动施加</td><td></td><td></td><td></td><td></td></tr>
<tr><td>(29)等列车完全停下来后,停止记录</td><td colspan="3">处理数据,填写表格</td><td></td><td></td><td></td><td></td></tr>
<tr><td>(30)调整车辆位置,重复(26)～(30)操作 3 次</td><td colspan="3">处理数据,填写表格</td><td></td><td></td><td></td><td></td></tr>
<tr><td>更改测试速度为 80 km/h、100 km/h、120 km/h,重复步骤(25)～(29)</td><td colspan="3">—</td><td></td><td></td><td></td><td></td></tr>
</table>

续上表

<table>
<tr><th>项目</th><th>操　　作</th><th colspan="3">确　　认</th><th>MC1</th><th>MP1</th><th>MP2</th><th>MC2</th></tr>
<tr><td rowspan="10">紧急制动动态试验</td><td>理论值</td><td>记录值 1</td><td>记录值 2</td><td>记录值 3</td><td></td><td></td><td></td><td></td></tr>
<tr><td>60 km/h 时的紧急制动停车距离≤122 m</td><td></td><td></td><td></td><td></td><td></td><td></td><td></td></tr>
<tr><td>平均减速度</td><td></td><td></td><td></td><td></td><td></td><td></td><td></td></tr>
<tr><td>80 km/h 时的紧急制动停车距离≤211 m</td><td></td><td></td><td></td><td></td><td></td><td></td><td></td></tr>
<tr><td>平均减速度</td><td></td><td></td><td></td><td></td><td></td><td></td><td></td></tr>
<tr><td>100 km/h 时的紧急制动停车距离≤324 m</td><td></td><td></td><td></td><td></td><td></td><td></td><td></td></tr>
<tr><td>平均减速度</td><td></td><td></td><td></td><td></td><td></td><td></td><td></td></tr>
<tr><td>120 km/h 时的紧急制动停车距离≤463 m</td><td></td><td></td><td></td><td></td><td></td><td></td><td></td></tr>
<tr><td>平均减速度≥1.2 m/s²</td><td></td><td></td><td></td><td></td><td></td><td></td><td></td></tr>
<tr><td colspan="4">注意控制速度，尽可能使制动时的速度接近测试速度；把握距离，使车在规定的制动区域内停车</td><td></td><td></td><td></td><td></td></tr>
<tr><td rowspan="12">快速制动动态试验</td><td>(31)方向向前，牵引手柄拉到快速制动位</td><td colspan="3">紧急制动缓解</td><td></td><td></td><td></td><td></td></tr>
<tr><td>(32)将牵引手柄推到最大牵引位</td><td colspan="3">列车制动缓解，启动并加速到 60 km/h</td><td></td><td></td><td></td><td></td></tr>
<tr><td>(33)列车速度为 60 km/h 时，将牵引手柄惰行位 2 s，开始记录</td><td colspan="3"></td><td></td><td></td><td></td><td></td></tr>
<tr><td>(34)将手柄迅速置于快速制动位</td><td colspan="3">列车快速制动施加</td><td></td><td></td><td></td><td></td></tr>
<tr><td>(35)等列车完全停下来后，停止记录</td><td colspan="3">处理数据，填写下表</td><td></td><td></td><td></td><td></td></tr>
<tr><td>(36)调整车辆位置，重复(30)～(35)操作 3 次</td><td colspan="3">处理数据，填写下表</td><td></td><td></td><td></td><td></td></tr>
<tr><td>更改测试速度为 80 km/h、100 km/h、120 km/h，重复步骤(30)～(35)</td><td colspan="3">—</td><td></td><td></td><td></td><td></td></tr>
<tr><td>理论值</td><td>记录值 1</td><td>记录值 2</td><td>记录值 3</td><td></td><td></td><td></td><td></td></tr>
<tr><td>60 km/h 时的快速制动停车距离≤125 m</td><td></td><td></td><td></td><td></td><td></td><td></td><td></td></tr>
<tr><td>平均减速度</td><td></td><td></td><td></td><td></td><td></td><td></td><td></td></tr>
<tr><td>80 km/h 时的快速制动停车距离≤214 m</td><td></td><td></td><td></td><td></td><td></td><td></td><td></td></tr>
<tr><td>平均减速度</td><td></td><td></td><td></td><td></td><td></td><td></td><td></td></tr>
<tr><td></td><td>100 km/h 时的快速制动停车距离≤327 m</td><td></td><td></td><td></td><td></td><td></td><td></td><td></td></tr>
</table>

续上表

<table>
<tr><th>项目</th><th>操　　作</th><th colspan="3">确　　认</th><th>MC1</th><th>MP1</th><th>MP2</th><th>MC2</th></tr>
<tr><td rowspan="5">快速制动动态试验</td><td>理论值</td><td>记录值 1</td><td>记录值 2</td><td>记录值 3</td><td></td><td></td><td></td><td></td></tr>
<tr><td>平均减速度</td><td></td><td></td><td></td><td></td><td></td><td></td><td></td></tr>
<tr><td>120 km/h 时的快速制动停车距离≤463 m</td><td></td><td></td><td></td><td></td><td></td><td></td><td></td></tr>
<tr><td>平均减速度≥1.2 m/s^2</td><td></td><td></td><td></td><td></td><td></td><td></td><td></td></tr>
<tr><td colspan="4">注意控制速度，尽可能使制动时的速度接近测试速度；把握距离，使车在规定的制动区域内停车</td><td></td><td></td><td></td><td></td></tr>
<tr><td rowspan="17">常用制动动态试验</td><td>(37)方向向前，牵引手柄拉到快速制动位</td><td colspan="3">紧急制动缓解</td><td></td><td></td><td></td><td></td></tr>
<tr><td>(38)将牵引手柄推到最大牵引位</td><td colspan="3">列车制动缓解，启动并加速到 60 km/h</td><td></td><td></td><td></td><td></td></tr>
<tr><td>(39)列车速度为 60 km/h 时，将牵引手柄惰行位 2 s，开始记录</td><td colspan="3">—</td><td></td><td></td><td></td><td></td></tr>
<tr><td>(40)将手柄迅速置于全常用制动位</td><td colspan="3">列车全常用制动施加</td><td></td><td></td><td></td><td></td></tr>
<tr><td>(41)等列车完全停下来后，停止记录</td><td colspan="3">处理数据，填写下表</td><td></td><td></td><td></td><td></td></tr>
<tr><td>(42)调整车辆位置，重复(37)～(42)操作 3 次</td><td colspan="3">处理数据，填写下表</td><td></td><td></td><td></td><td></td></tr>
<tr><td>(43)更改测试速度为 80 km/h、100 km/h、120 km/h，重复步骤(37)～(42)</td><td colspan="3">—</td><td></td><td></td><td></td><td></td></tr>
<tr><td>理论值</td><td>记录值 1</td><td>记录值 2</td><td>记录值 3</td><td></td><td></td><td></td><td></td></tr>
<tr><td>60 km/h 时的全常用制动停车距离≤148 m</td><td></td><td></td><td></td><td></td><td></td><td></td><td></td></tr>
<tr><td>平均减速度</td><td></td><td></td><td></td><td></td><td></td><td></td><td></td></tr>
<tr><td>80 km/h 时的全常用制动停车距离≤255 m</td><td></td><td></td><td></td><td></td><td></td><td></td><td></td></tr>
<tr><td>平均减速度</td><td></td><td></td><td></td><td></td><td></td><td></td><td></td></tr>
<tr><td>100 km/h 时的全常用制动停车距离≤391 m</td><td></td><td></td><td></td><td></td><td></td><td></td><td></td></tr>
<tr><td>平均减速度</td><td></td><td></td><td></td><td></td><td></td><td></td><td></td></tr>
<tr><td>120 km/h 时的全常用制动停车距离≤555 m</td><td></td><td></td><td></td><td></td><td></td><td></td><td></td></tr>
<tr><td>平均减速度≥1.0 m/s^2</td><td></td><td></td><td></td><td></td><td></td><td></td><td></td></tr>
<tr><td colspan="4">注意控制速度，尽可能使制动时的速度接近测试速度；把握距离，使车在规定的制动区域内停车</td><td></td><td></td><td></td><td></td></tr>
</table>

注：表中阴影部分代表该车辆不存在当前测试项点。

5.6 连挂和解钩

5.6.1 初始条件

(1)列车位置如图 5.2 所示。

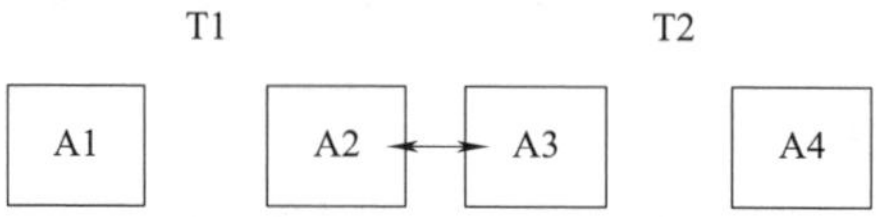

图 5.2 列车位置图

注:T1 为被救援列车用 A2 端联挂;T2 为救援列车用 A3 端联挂。

(2)T1 和 T2 两列车均未唤醒,A1、A2、A3、A4 车 KS 开关置[OFF],所有蘑菇按钮均拔起。

(3)T1 和 T2 两列车所有受电弓均未升起。

(4)T1 和 T2 车 CTS 置[正常]。

5.6.2 试验程序

连挂和解钩试验程序见表 5.21。

表 5.21 连挂和解钩试验程序

项目	操 作	确 认	A1	A2	A3	A4
连挂	(1)将 T1 车唤醒	T1 车 DDU 显示紧急制动施加				
	(2)将 T2 车唤醒,A3 端 KS 置[ON]位	T2 车 DDU 显示紧急制动施加,A3 端司机室激活				
	(3)将 T2 车 PMCS 开关置[升双弓]位	T2 车受电弓升起				
	(4)将 A3 端紧急牵引/洗车开关 EMTS 置[洗车]位,主手柄向前,缓解紧急制动后推牵引,将 T2 车缓缓驶向 T1 车,以使两列车连挂,连挂后手柄拉到制动位	两车连挂后车钩上连接器对插紧密				
	(5)将 A3 端方向手柄置[0]位,KS 置于[OFF]位,将 A4 车激活	A4 车激活				

续上表

项目	操　作	确　认	A1	A2	A3	A4
PIS功能测试	(6)在A4端按下广播控制盒DACU上司机室对讲按钮	从A4端司机室可以与其他3个司机室对讲				
	(7)再次按下司机室对讲按钮	司机室对讲模式关闭				
	(8)在A4端按下DACU上客室广播按钮，使用麦克风讲话	T1、T2车客室可以听到客室广播				
	(9)再次按下客室广播按钮	客室广播模式关闭				
停放制动控制	(10)将A2、A3车连挂控制开关CTS置[连挂停放]	A2、A3车连挂继电器CTR、CTR1、CTR2得电				
	(11)按下A4车停放制动/缓解施加PBPB	T1、T2车停放制动施加				
	(12)再次按下PBPB	停放制动缓解				
救援	(13)将T1车整车的制动隔离阀打到隔离位，A4车EMTS置[洗车]位，方向向前，主手柄拉到快速制动	T2车紧急制动缓解				
	(14)在A1车拍下蘑菇	T2车紧急制动施加				
	(15)恢复A1车蘑菇，A4车再次操作缓解紧急制动	T2车紧急制动缓解				
	(16)推牵引	T2车可以拉动T1车(车移动2～3 m即可)				
	(17)将A4端主手柄置[制动]位，待车停稳	—				
	(18)将A4端方向向后位，缓解紧急制动后推牵引	T2车可以推动T1车(车移动2～3 m即可)				
	(19)将A4端主手柄置[制动]位，待车停稳	—				
解钩	(20)将A4端MS置[OFF]位，KS置[OFF]位，A3端KS置[ON]位	T2车A3端司机室激活				
	(21)A3端按下解钩按钮	车钩动作，两车分离，T1车DDU显示停放制动施加				
	(22)恢复A2、A3车CTS置[正常]	—				

续上表

项目	操　作	确　认	A1	A2	A3	A4
解钩	(23)A3 车选择方向向后,缓解紧急制动后推牵引	T2 车驶离(车移动 2～3 m 即可)				
	(24)恢复 T1 车上所有制动隔离阀	—				
结束后确认	(25)降弓、休眠	休眠				

注:表中阴影部分代表该车辆不存在当前测试项点。

附录 A　无损检测部件

序号	名　称	无损检测方法
一、受电弓		
1	弓头羊角连接部位、托架连接组件、弓头连接组件及弓头所有焊缝	渗透检验
2	底架焊缝,包括下臂杆与阻尼器、钢丝绳连接板处焊缝	渗透检验
3	上下臂焊缝	渗透检验
4	上拉杆、下导杆	渗透检验
二、构架		
1	构架各焊缝	涡流检测/磁粉检测
2	构架横梁处	涡流检测/磁粉检测
3	构架侧梁处	涡流检测/磁粉检测
4	电机安装座	涡流检测/磁粉检测
5	空簧安装座	涡流检测/磁粉检测
6	TBU 安装座	涡流检测/磁粉检测
7	齿轮箱悬挂座焊缝	涡流检测/磁粉检测
三、一系悬挂装置		
1	钢弹簧的内簧和外簧	涡流检测/磁粉检测
2	定位转臂受力部位、加强筋、夹紧箍接触面	涡流检测/磁粉检测
3	一系垂向减振器焊缝	涡流检测/磁粉检测
四、二系悬挂装置		
1	抗蛇行减振器座	涡流检测/磁粉检测
2	所有减振器焊缝	涡流检测/磁粉检测
3	扭杆轴,扭臂、连杆受力区域进行探伤	涡流检测/磁粉检测
五、中心牵引装置		
1	中心销	磁粉检测
2	抗侧滚扭杆安装座、吊臂安装座及扭臂、杆身和连杆	磁粉检测
3	齿轮箱吊杆	磁粉检测
六、轮对		
1	车轴轴颈部位	磁粉检测/超声检测
2	车轴轴身表面	磁粉检测
3	车轴轴身	超声检测

续上表

序号	名　称	无损检测方法
4	卸荷槽	磁粉检测
5	轮座、齿轮箱座	超声检测
6	轴箱	磁粉检测
7	轴承	超声检测、磁粉检测
七、车钩		
1	钩舌、钩舌板、钩舌销、中心销（钩舌中心销）、钩舌板连接器、缓冲器颈、钩头颈、钩杆颈、套筒联轴节（卡环）、对安装焊接组成、钩尾销连接环、壳体组成拉环区域、牵引杆卡口区域、支架安装座、支架销轴焊接钩体、连挂杆压管卡口、导向杆卡口及喇叭口区域	磁粉检测/涡流检测
2	缓冲器颈、钩杆颈、套筒联轴节（卡环）	磁粉检测/涡流检测
八、辅助系统		
1	天线安装座	渗透检测
2	轮缘润滑安装座（喷嘴支架）、端梁安装座等钢制部件	涡流检测

附录 B 低压必换件建议

序 号	英文名称	中文名称	数 量
1	AMR	ATO 模式继电器	2
2	VCUEBR	VCU 触发紧急制动继电器	2
3	BDR	常用制动命令继电器	2
4	LVDR	低压检测继电器	2
5	WUR	唤醒继电器	2
6	WUDYRM	唤醒控制延时模块	2
7	LPTR	降弓继电器	2
8	EMTR	紧急牵引继电器	2
9	EMPBR	紧急制动按钮继电器	2
10	EBR1	紧急制动继电器 1	2
11	EBR2	紧急制动继电器 2	2
12	WUDYR	列车唤醒继电器	2
13	TAOR1	列车激活操作继电器 1	2
14	TAOR2	列车激活操作继电器 2	2
15	TAIR	列车激活互锁继电器	2
16	ZVR1	零速继电器 1	2
17	ZVR2	零速继电器 2	2
18	ZVR3	零速继电器 3	2
19	ZVR4	零速继电器 4	2
20	ZVR5	零速继电器 5	2
21	RPTR	升弓继电器	2
22	RPTRM	升弓延时模块	2
23	PANEBR	受电弓使能继电器	2
24	SLR	睡眠继电器	2
25	SLDYR	睡眠控制延时继电器	2
26	SLDYRM	睡眠控制延时模块	2
27	COR1	司机室激活继电器 1	2
28	COR10	司机室激活继电器 10	2
29	COR11	司机室激活继电器 11	2

续上表

序　号	英文名称	中文名称	数　量
30	COR12	司机室激活继电器 12	2
31	COR13	司机室激活继电器 13	2
32	COR2	司机室激活继电器 2	2
33	COR3	司机室激活继电器 3	2
34	COR4	司机室激活继电器 4	2
35	COR5	司机室激活继电器 5	2
36	COR6	司机室激活继电器 6	2
37	COR7	司机室激活继电器 7	2
38	COR8	司机室激活继电器 8	2
39	COR9	司机室激活继电器 9	2
40	APBRR	所有停放制动缓解继电器	2
41	ABRR	所有制动缓解继电器	2
42	RPR	向后位继电器	2
43	FPR	向前位继电器	2
44	KSLR	钥匙互锁继电器	2
45	KSR1	钥匙继电器 1	2
46	KSR2	钥匙继电器 2	2
47	DRAR_R	右侧门解锁请求激活继电器	2
48	DIR_R1	右侧门联锁继电器 1	2
49	DIR_R2	右侧门联锁继电器 2	2
50	BRR1	制动缓解继电器 1	2
51	BRR1	制动缓解继电器 1	2
52	BRR2	制动缓解继电器 2	2
53	BRR2	制动缓解继电器 2	2
54	DRAR_L	左侧门解锁请求激活继电器	2
55	DIR_L1	左侧门联锁继电器 1	2
56	DIR_L2	左侧门联锁继电器 2	2
57	LPPB	降弓	2
58	RPPB	升弓	2
59	HSCBCPB	高断闭合	2
60	HSCBOPB	高断断开	2

续上表

序　号	英文名称	中文名称	数　量
61	ASPB1	ATO 启动 1	2
62	ASPB2	ATO 启动 2	2
63	DCPB1_L	左侧关门 1	2
64	DCPB2_L	左侧关门 2	2
65	DCPB1_R	右侧关门 1	2
66	DCPB2_R	右侧关门 2	2
67	DORS_L	左侧车门选择	2
68	DORS_R	右侧车门选择	2
69	DOMS	门模式选择	2
70	CLS	司机室照明	2
71	PMCS	受电弓模式选择	2
72	EMTS	紧急牵引	2
73	ATPFS	VOBC 切除	2
74	EBK	紧急制动接触器	2
75	TSK	列车供电接触器	2
76	BBK	制动旁路接触器	2
77	BRFK	制动电阻冷却风机接触器	2
78	ATPFK1	ATP 切除接触器 1	2
79	ATPFK2	ATP 切除接触器 2	2
80	PLCS	客室照明	2
81	AMTDR	ATO 牵引指令继电器	2
82	AMBDR	ATO 制动指令继电器	2
83	VZCR	ATP 输出零速继电器	2

附录C 车门调节参数

系统	车门类型	项 点	标 准
车门	客室车门	检查、调整车门参数	(1)V形:上下差 2～5 mm; (2)车门对中尺寸:0～2 mm; (3)门页和车体外表面距离(上部滑道)门出弯道到直道时:69～75 mm; (4)门页和车体外表面距离(上部滑道),完全打开时:69～75 mm; (5)门页和车体外表面距离(下部滑道)完全打开时:69～75 mm; (6)车门平行度 d:$-2\ \text{mm} \leqslant d \leqslant 0$; (7)车门开度:1 300～1 305 mm; (8)密封胶条挤压宽度:44.3～48.3 mm; 门扇上沿与车体入口门框上沿间隔:17～24 mm; (9)压轮与台阶间隙:1～2 mm; (10)压轮与门扇处间隙:≥3 mm
		检查门开关状态	(1)手动开关门,门扇移动无卡滞,无异响; (2)将门扇关上、锁紧,双手向外推门扇,车门不能打开,门密封状态良好
		检查 S1、S3、S4 开关上滚轮与铰链臂的斜面的间隙大小	间隙大小范围:0.5～1.5 mm
		检查门扇与车体间状态	开关门时门扇与车体间无摩擦
		检查尼龙滚轮与上滑道间状态	尼龙滚轮下表面不超出下滑道底面,尼龙滚轮上表面不与上滑道上表面接触
		检查下导轨与下摆臂间状态	(1)在开关门门过程中,滚轮摆臂不能刮到下导轨或螺钉头; (2)在开门位置,滚轮在与导轨同一水平位置滚动; (3)门扇开度为 700 mm 时,滚轮摆臂体上表面距下导轨底边的距离为 10～13 mm,滚轮面下部不得低于下导轨底边
		检查门槛嵌块与车门挡销间隙	底部间隙 2～3 mm,侧面间隙 1～2 mm,开关门过程中无碰擦
		检查门扇压板与平衡轮压轮状态	压轮与压板无干涉。门关好时,压轮与压板接触,且很难转动
		紧固螺栓校准	按照规定力矩要求对车门所有紧固件进行紧固,并重画防松标记

续上表

系统	车门类型	项　点	标　准
车门	司机室车门	检查、调整车门参数	门扇周边与车体保持相等间隙
		检查开关门动作	手动开关门，门扇转动灵活，无卡滞，无异响，然后将门扇关上、锁紧，双手向内拉门扇，确定车门不能打开，门密封状态良好
		检查门锁	锁挡与锁舌搭接量为 6～10 mm
		紧固螺栓校准	按照规定力矩要求对车门所有紧固件进行紧固，并重画防松标记

附录 D　车门编号示意

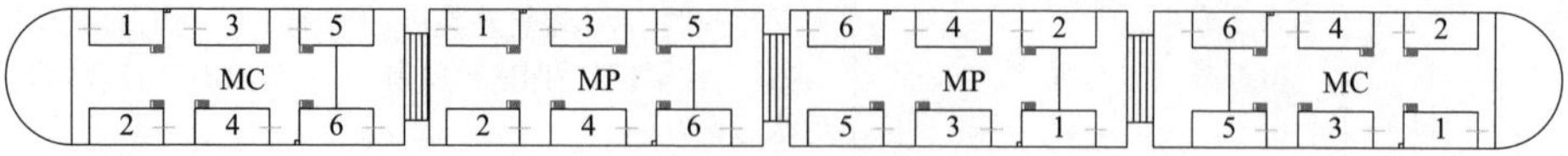

附录 E　车体与转向架尺寸记录单

序号	测量点	尺寸标准/mm	一位转向架测量值				二位转向架测量值				备注
			构架号：				构架号：				
			左 L		右 R		左 L		右 R		
1	轴箱间隙	89±3(定位转臂至构架基准点)	2 位	4 位	1 位	3 位	6 位	8 位	5 位	7 位	测量
2	充气高度	265$^{+7}_{-2}$(空簧工作高)									充气状态
3	空气簧上部垫片厚度	0≤空气簧上部垫片厚度≤3									测量
4	空气簧下部垫片厚度	—									测量
5	空气簧垫片至轨面高(含垫片)	—									充气状态
6	空气簧上部至轨面高(不含垫片)	865±2(空气簧垫片至轨面高(含垫片)-空气簧上部垫片厚度)									充气状态
7	空气簧上部至轨面高(不含垫片)左右高度差	≤8									计算
8	空气簧上部至轨面平均高度(不含垫片)	转向架高	平均高度＝				平均高度＝				计算
9	车钩高度	660$^{+10}_{0}$									充气状态
10	地板布距轨面高度	1 100±10									测量
11	接收、发射天线距轨面高度	≤3 850	前：　后：				前：　后：				充气状态